Spanish Short Stories For Beginners

The Easy Way To Get Better At Speaking Spanish

By

Felipe Moya & Leslie Pérez

Photographs from the personal archive of Leslie Pérez appear on the following pages: p. 11, p. 19, p. 22, p. 28, p. 35, p. 38, p. 46, p. 58, p.71, p. 74, p.83, p. 92, p. 112, p. 122, p. 129, p. 139, p. 142, p. 154, p. 165, p. 172, p. 179, p. 201, p. 213, and p. 235.

All rights reserved including the right of reproduction in whole or in part in any form.

Table of Contents

Introduction **6**

The Learning Unit **8**

Dialogues/Short Stories For Daily And Common Themes **10**

    1. Las rosas.. 1
    2. Perros calientes 4
    3. Viajando en avión 8
    4. Reflexión... 12
    5. Obsequios 16
    6. La Torre Telefónica 19
    7. ¿Me prestas...? 23
    8. Adela, la chef. 26
    9. Las cuatro estaciones..................................... 29
    10. Cambio de planes..33
    11. Las señales de tránsito 37
    12. Un día en... 41
    13. La casa de Benito 44
    14. En el zoológico 49
    15. Soy nuevo aquí 53

16. Citas para reflexionar 58
17. Artes plásticas 62
18. Brûlée 66
19. Partido de futbol 70
20. Foto pose 74
21. Te doy mi receta 79
22. La plaza de las palomas 84
23. En el liceo... 88
24. Presentaciones 94
25. Particularidades del serval 99
26. Cambio de divisas 103
27. ¿Sabía usted? Flor, abeja, miel, hombre. 108
28. Problemas con internet 111
29. Centro comercial con jardín artificial........... 114
30. ¿Me das permiso? 118
31. Bonsáis 121
32. Mudanza 125
33. Complicaciones y soluciones 128
34. Abrazos 131
35. En la tienda de celulares 134
36. ¿Te importaría... 140
37. El cisne blanco 146

38. Vestido nuevo 151
39. El metro 157
40. Me da risa... 161
41. En el restaurante...164
42. Los flamencos 171
43. Sospecha 175
44. Los Sí y los No del uso de zapatos en perros. 178
45. Varias culturas en un solo lugar 183
46. Tour por la ciudad 188
47. Los pinguinos de Humboldt. 193
48. Apartamento para rentar 199
49. El Tango... 205
50. Reunión de trabajo 209
51. Necesitamos una suplente 214
52. Reunión de negocios..219
53. El rocío y la flor de Navidad. *Por: Leslie Pérez* 225
54. Del mundo del deporte....................................233

Conclusion..238
Disclaimer 239

Introduction

As a beginner you may be interested in a simple book that helps you learn and practice from the basics but at the same time interesting, useful and fun. Then, this is the book for you!

We bring you short stories, dialogues, and readings that are short and simple but, at the same time, practical and interesting.

These readings will provide you with resources for meaningful communication. Grammar and vocabulary are placed in natural conversations and communicative situations and settings, and many of our readings involve morals and values.

You will also develop reading, writing, and communication skills gradually as you move forward in the book. Listening and comprehension can also be developed by working with the audio book.

Our tests are thought not only to check your progress regarding your learning process but also to have fun.

This book is the product of original, fun frequently-used texts, and original images and explanatory notes included as two very nice and valuable resources.

We assure you that the appealing and useful material presented in this book will become a basic tool for the task of teaching or learning to communicate in Spanish.

The Learning Unit

The purpose of this book is help you gain knowledge while reading and entertaining yourself. Every short story or dialogue is unique and thought to provide vocabulary and grammatical structures through natural conversations, normal situations and everyday settings at a beginner level.

These short stories, dialogues, or readings have been written for you to:

1) Read in a relaxed way and have fun while improving your Spanish and general knowledge.
2) Make the most of your reading and comprehension process by using a vocabulary list that includes some relevant or new vocabulary and phrases. This vocabulary is bolded in the text and included in a list at the end of each reading with its meaning in English.
3) Test your level of knowledge and comprehension through a variety of questions. The answers to all the exercises are given together with a translation

of the reading into English to facilitate comprehension for the most beginners of the beginners☺.

As you see, the learning unit is simple, practical and interesting, as well as the topics.

You will probably see verbs that you have already used but conjugated in an unfamiliar form. Focus on how the verb is presented in that sentence and context. If it is bolded in the reading, it will appear in the list of vocabulary with the basic verb form in parenthesis to help you better understand and interpret it.

Dialogues/Short Stories For Daily And Common Themes

On the following pages you will keep on making progress with your Spanish through easy, practical, interesting and varied readings and dialogues.

You will be discovering, learning, and practicing new words, useful everyday phrases and common expressions, relevant grammar structures, interesting general knowledge and curiosities, and much more.

Go ahead and enjoy your reading process and achievements!

1. Las rosas

Las rosas son flores hermosas. Las hay de muchos colores. Sus **pétalos** son suaves y **delicados**, pero la mayoría de las rosas tienen su **tallo** lleno de **espinas** para protegerse de ciertos animales.

Vocabulario:

Pétalos: petals

Delicados: delicate

Tallo: stems

Espinas: thorns

Comprensión De La Lectura.

Completa cada frase con una palabra de la lectura:

1) Las rosas son _____.

2) Las rosas tienen muchas _____.

3) Tienen _____ para protegerse.

4) Las espinas se encuentran en el _____.

5) A diferencia del tallo, sus pétalos son _____.

Respuestas:

1) flores / hermosas, 2) espinas, 3) espinas, 4) tallo, 5) suaves / delicados.

Roses

Roses are beautiful flowers. You'll find them in numerous colors. Its petals are soft and delicate, but most roses have their stems full of thorns to protect themselves from certain animals.

2. Perros calientes

Jaime: ¿Tienes alguna idea para la cena?

Rebeca: Había pensado en unos perros calientes. Tenemos el pan y las **salsas** pero habría que comprar las **salchichas**.

Jaime: No hay problema. Yo **paso** por el súper al salir del trabajo.

Rebeca: Si puedes trae también un **refresco**, gracias.

Vocabulario:

Salsas: sauces

Salchichas: sausages

Paso (pasar): pass

Refresco: soft drink

Comprensión De La Lectura.

Selecciona la(s) respuesta(s) correcta(s). Cada ítem puede tener más de una respuesta:

1) Jaime y Rebeca cenarán:

a. salchichas

b. sándwiches

c. perros calientes

d. hamburguesas

2) En casa hay:

a. pan

b. salsas

c. salchichas

d. refrescos

3) Hay que comprar:

a. pan

b. salsas

c. salchichas

d. refrescos

4) ¿Quién irá al supermercado?

a. Pilar

b. Jaime

c. Ninguno

d. Los dos

5) ¿Cuándo pasará Jaime por el supermercado?

a. Después de la cena

b. Antes de ir al trabajo

c. Después del trabajo

d. Enseguida

Respuestas:

1) c, 2) a, b, 3) c, d, 4) b, 5) c.

Hot Dogs

Jaime: Do you have any idea for dinner?

Rebeca: I had thought about hot dogs. We have the bread and the sauces but we would have to buy the sausages.

Jaime: No problem. I pass by the supermarket after work.

Rebeca: If you can, bring a soft drink too, thank you.

3. Viajando en avión

Pilar: ¡Mira, ya estamos llegando!

Pablo: ¡Qué cantidad de barcos!

Pilar: E **islotes**.

Pablo: Y más allá se dibuja la **costa**.

Pilar: Me encanta mirar por la **ventanilla** cuando viajo en avión.

Pablo: Las nubes y la **vista suelen ser** espectaculares. ¡Aviso de abrocharse el cinturón!

Pilar: Pronto estaremos **aterrizando**.

Vocabulario:

Islotes: islets

Costa: coast

Ventanilla: window

Vista: view

Suelen (soler) ser: to usually be

Aterrizando (aterrizar): landing

Comprensión De La Lectura.

Escribe V de Verdadero o F de Falso después de cada oración:

1) A Pilar le gusta mirar por la ventanilla. _____

2) Desde la ventanilla se pueden ver islotes. _____

3) El avión está a punto de despegar. _____

4) El avión está a punto de aterrizar. _____

5) Hay aviso de abrocharse el cinturón. _____

Note: Despegar and aterrizar are antonyms ☺

Respuestas:

1) v, 2) v, 3) f, 4) v, 5) v.

Traveling By Plane

Pilar: Look, we're arriving!

Pablo: How many ships!

Pilar: And islets.

Pablo: And beyond, the coast is showing up.

Pilar: I love looking through the window when I travel by plane.

Pablo: The clouds and the view are usually spectacular. The fasten seat belt sign is on!

Pilar: We'll be landing soon.

4. Reflexión

Deseo

que encuentres a **alguien**

que hable tu mismo **lenguaje**,

así no **desgastarás**

tu vida **intentando** siempre

traducir tu espíritu.

Anónimo

Vocabulario:

Alguien: someone

Lenguaje: language

Desgastarás (desgastar): spend a lifetime

Intentando (intentar): trying

Comprensión De La Lectura.

Selecciona una palabra de la lectura asociada con cada conjunto de palabras:

Ejemplo: 0) continuamente, constantemente:

Respuesta: siempre

1) alma, mente:

2) palabras, gestos, idioma:

3) diga, comunique, converse:

4) probando, tratando:

5) usarás, gastarás:

Note: You are learning some synonyms of these verbs and emphasizing the learning of their endings ☺

Respuestas:

1) espíritu, 2) lenguaje, 3) hable, 4) intentando, 5) desgastarás.

Reflection

I wish

you find someone

who speaks your own

language...

So you do not have to spend

a lifetime trying

to translate

your spirit.

Anonymous

5. Obsequios

Marisela: ¿Conseguiste el **obsequio** que estabas buscando?

Corina: No, tengo que volver a salir esta tarde.

Marisela: ¿Puedo acompañarte? Yo también necesito comprar **algo** para Mercedes que **cumple** años mañana.

Corina: Está bien. Nos vemos en la **parada** después del almuerzo.

Marisela: **Quedamos así**. Nos vemos.

Vocabulario:

Obsequio: gift, present

Algo: something

Cumple (cumplir) años: have a birthday

Parada: bus stop

Quedamos así: It's a plan, then; so we agree then.

Comprensión De La Lectura.

Responde las siguientes preguntas con el nombre de uno de los personajes: Marisela, Corina, o Mercedes.

1) ¿Quién está buscando un obsequio?

2) ¿Quién tiene que volver a salir en la tarde?

3) ¿Quién irá con ella?

4) ¿Quién necesita comprar un regalo de cumpleaños?

5) ¿Quién cumple años?

Respuestas:

1) Corina, 2) Corina, 3) Marisela, 4) Marisela, 5) Mercedes.

Gifts

Marisela: Did you get the present you were looking for?

Corina: No, I have to go out again this afternoon.

Marisela: Can I accompany you? I also need to buy something for Mercedes who is going to have a birthday tomorrow.

Corina: Fine. See you at the bus stop after lunch.

Marisela: It's a plan, then. See you.

6. La Torre Telefónica

Se llama la Torre Telefónica. Es un **rascacielos propiedad** de la compañía Movistar, ubicado en la capital de Chile, Santiago de Chile. Tiene la forma de esos primeros Motorola, tipo "**ladrillo**", que marcaron la entrada de la **telefonía celular** al mundo a mediados de los 80. ¡**Pesaba** alrededor de 1 kg y permitía apenas una conversación de 30 minutos! La tecnología ha **avanzado** mucho desde entonces, ¿no te parece?

Vocabulario:

Rascacielos: skyscraper

Propiedad: property

Ladrillo: brick

Telefonía celular: mobile telephony

Pesaba (pesar): weighed

Avanzado (avanzar): come a long way

Comprensión De La Lectura.

Escribe una respuesta corta para cada pregunta:

1) ¿Cómo se llama el famoso edificio de Movistar?

_____

2) ¿Cómo se llama la capital de Chile?

_____

3) ¿Qué forma tiene el edificio?

4) ¿Cuánto pesaba el teléfono?

5) ¿Cuánto tiempo podía durar una conversación?

Respuestas:

1) La Torre Telefónica, 2) Santiago de Chile, 3) Tiene la forma de los primeros teléfonos celulares, tipo "ladrillo", 4) Alrededor de 1 kg, 5) 30 minutos.

The Torre Telefónica

It's called the Torre Telefónica. It is a skyscraper, property of the company Movistar, located in the capital city of Chile, Santiago. It has the "brick-like" shape of those first Motorola, which marked the mobile telephony's entry into the world by the mid-eighties. It weighed around 1 kg and allowed just a 30-minute conversation! Technology has come a long way since then, don't you think so?

7. ¿Me prestas...?

Ángel: Disculpa, ¿me **prestas** el verde? Es para pintar el árbol.

Karina: Tómalo pero no se lo prestes a más **nadie**.

Ángel: Gracias. ¿Me puedes prestar el rojo? Es para pintar la manzanita.

Karina: Está bien, pero me lo **devuelves**.

Ángel: Seguro. ¿Me puedes prestar el amarillo? Es para el sol, te lo devuelvo **rapidito**.

Karina: Mejor toma la **cartuchera**, ¡pero me la cuidas! Y la próxima vez traes tus colores, por favor.

Ángel: Sí, gracias, se me **quedaron** sobre la mesa del comedor 😔

Vocabulario:

Prestas (prestar): lend

Nadie: anyone, in this context.

Devuelves (devolver): give back

Rapidito: quickly

Cartuchera: pencil case

Quedaron (quedarse, olvidarse): left, forgot

Comprensión De La Lectura.

Traza una línea entre la columna de la derecha y la columna de la izquierda para unir palabras que guarden relación:

Árbol   rojo

Sol   colores de Karina

Cartuchera   verde

Manzanita   colores de Ángel

mesa del comedor amarillo

Respuestas:

1) árbol-verde, 2) sol-amarillo, 3) cartuchera-colores de Karina, 4) manzanita-rojo, 5) mesa del comedor-colores de Ángel.

Can You Lend Me...?

Angel: Excuse me; can you lend me the green? It's to paint the tree.

Karina: Take it but do not lend it to anyone else.

Angel: Thanks. Can you lend me the red? It is to paint the little apple.

Karina: It's okay, but you give it back to me.

Angel: Sure. Can you lend me the yellow? It's for the sun; I'll give it back to you quickly.

Karina: You better take the pencil case, but take care of it! And next time, bring your color pencils, please.

Angel: Yes, thank you, I left/forgot them on the dining-room table.

8. Adela, la chef.

Adela estudió **cocina** en el Instituto Internacional de **Gastronomía**. Ella cocina muy bien. Es **jefa** de cocina de uno de los mejores restaurantes de la ciudad. Las mesas siempre están llenas de gente y en la cocina siempre hay mucho movimiento. Trabaja **medio turno** y **cuenta** con un **equipo** de buenos cocineros. A ella le gusta mucho su trabajo.

Vocabulario:

Cocina: cooking

Gastronomía: Gastronomy

Jefe: kitchen chief

Medio turno: part time

Cuenta (contar con): relies

Equipo: team

Comprensión De La Lectura.

Escribe una respuesta corta para cada pregunta:

1) ¿Qué estudió Adela?

_____

2) ¿Dónde estudió Adela?

_____

3) ¿Dónde trabaja?

_____

4) ¿Cuánto tiempo trabaja?

_____

5) ¿Qué opina Adela de su trabajo?

_____

Respuestas:

1) Cocina, 2) En el instituto Internacional de Gastronomía, 3) En uno de los mejores restaurantes de la ciudad, 4) Medio turno, 5) Le gusta mucho.

Adela, The Chef

Adela studied cooking at the Gastronomy International Institute. She's a really good cook. She is kitchen chief at one of the best restaurants in the city. Tables are always full and kitchen is always busy. She works part time and relies on a team of good cooks. She loves her job.

9. Las cuatro estaciones

Si miras este árbol **de abajo hacia arriba parece** estar llevando las cuatro **estaciones** en sus **hojas**.

Su primera **mitad** tiene el verde de la primavera y el amarillo del verano. Más arriba, tiene el anaranjado y el rojo del otoño y en su **tope**, el marrón oscuro, casi negro, del invierno. Curioso, ¿no?☺

Vocabulario:

De abajo hacia arriba: from the bottom up

Parece (parecer): it seems

Estaciones: seasons

Hojas: leaves

Mitad: half

Tope: top

Comprensión De La Lectura.

Escribe una de las 4 estaciones al lado de cada conjunto de palabras:

1) marrón, negro, gris:

2) sol, amarillo, calor:

3) verde, flores, hojas nuevas:

4) anaranjado, rojo, hojas secas:

5) frio, nieve:

Respuestas:

1) invierno, 2) verano, 3) primavera, 4) otoño, 5) invierno.

The Four Seasons

If you look at this tree from the bottom up, it seems to be displaying the four seasons in its leaves.

Its first half has the green of spring and the yellow of summer. Right above, it has the orange and the red of autumn, and on its top the dark brown, almost black, of winter. Curious, isn't it?

10. Cambio de planes

Jennifer: Me siento **horrible**. ¿Llamamos a Camilo y le decimos que mejor dejamos lo del cine para otro día?

Rosalba: Yo lo llamo. No te preocupes. ¿Dónde habrás **agarrado** esa gripe?

Jennifer: No lo sé.

Rosalba: Bueno, ahora toca cuidarse, tomar muchos líquidos, vitamina C, tecitos y esas cosas. Ojalá te mejores rápido. ¿No quieres ver una película en la televisión?

Jennifer: **Puede ser**.

Rosalba: Así te **distraes**. Igual con este clima no **provoca** salir. Yo llamo a Camilo, preparo el tecito y tú **ve seleccionando** la película.

Vocabulario:

Horrible: awful

Agarrado (agarrar un resfriado): caught

Puede ser: It could be

Distraes (distraerse): get some distraction

Provoca (provocarle a uno hacer algo): feel like

Ve seleccionando (ir haciendo algo): choose. In English just the infinitive form is used.

Comprensión De La Lectura.

Sustituye la(s) palabra(s) subrayada(s) en la oración por una palabra de la lectura:

Ejemplo: Jennifer se siente mal.

Respuesta: Jennifer se siente horrible.

1) Los chicos irán al lugar donde proyectan películas cinematográficas otro día.

2) ¿Dónde habrá agarrado Jennifer esa enfermedad infecciosa producida por un virus que afecta el sistema respiratorio?

3) Jennifer tiene que tomar sustancias como el agua y el té.

4) Las muchachas verán una película en la aparato de

transmisión de imágenes y sonidos.

5) Con ese viento, humedad, temperatura, lluvias, etc. no provoca salir.

Change Of Plans

Jennifer: I feel awful. Should we call Camilo and tell him to postpone the movie to another day?

Rosalba: I'll call him, no worries. Where will you have caught that cold?

Jennifer: I don't know.

Rosalba: Well, now it's time to take care of yourself, drink plenty of liquids, vitamin C, tea and that sort of things. I hope you get better soon. Don't you want to watch a movie on TV?

Jennifer: It could be.

Rosalba: That way you get some distraction. With this weather, one doesn't feel like going out anyway. I'll call Camilo, prepare some tea, and meanwhile you choose the movie.

Respuestas:

1) cine, 2) gripe, 3) líquidos, 4) televisión, 5) clima.

11. Las señales de tránsito

Las **señales de tránsito** son nuestra guía en la calle. Nos indican cuándo cruzar, cuándo detenerse, dónde hay **curvas**, cuáles son los vehículos **permitidos**, dónde estacionar y todo lo que un **conductor** y un **peatón** deben saber sobre el camino para moverse con seguridad. Por lo tanto, son **útiles** para mantener el orden y evitar accidentes.

Vocabulario:

Señales de tránsito: traffic signs

Curvas: curves

Permitidos: allowed

Conductor: driver

Peatón: pedestrian

Útiles: useful

Comprensión De La Lectura.

Selecciona una o más respuestas para las siguientes preguntas:

1) ¿Qué son las señales de tránsito?

a. Curvas

b. Calles

c. Guías

2) ¿Qué indican las señales de tránsito?

a. Dónde estacionar

b. Cuándo detenerse

c. Cuándo cruzar

3) ¿Quiénes deben conocer las señales de tránsito?

a. Los conductores

b. Los peatones

c. Las calles

4) ¿Para qué son útiles las señales de tránsito?

a. Para evitar accidentes

b. Para aprender a caminar

c. Para mantener el orden

5) ¿Cuál es la oración falsa?

a. Las señales de tránsito son útiles en la calle.

b. Las señales de tránsito provocan accidentes.

c. Las señales de tránsito ayudan a moverse con seguridad.

Respuestas:

1) c, 2) a, b, c, 3) a, b, 4) a, c, 5) b

Traffic Signs

Traffic signs are our guide on the street. They indicate when to cross, when to stop, where there are curves, what vehicles are allowed, where to park and everything a driver and a pedestrian must know about the road to move safely. Therefore they are useful to maintain order and avoid accidents.

12. Un día en…

…la playa, para tomar el sol y **refrescarse** en el mar.

…la montaña, para **respirar** aire puro y **contemplar** el paisaje.

…el **jardín de infancia**, para reír con los niños y jugar con ellos.

…el parque, para caminar y **meditar**.

…el templo para orar y agradecer.

…la biblioteca, para **hojear** libros interesantes mientras disfrutamos un buen café.

…casa con los amigos, para compartir nuestras alegrías y tristezas.

Vocabulario:

Refrescarse: cool down

Respirar: breathe

Contemplar: gaze

Jardín de infancia: kindergarten

Meditar: meditate

Hojear: browse

Comprensión De La Lectura.

Traza una línea entre la columna de la derecha y la columna de la izquierda para unir palabras que guarden relación:

1) Jardín de infancia   libros

2) Playa   niños

3) Biblioteca   compartir

4) Montaña   aire puro

5) Amigos   mar

Respuestas:

1) niños, 2) mar, 3) libros, 4) aire puro, 5) compartir.

A Day At…

… the beach, to sunbathe and cool down in the sea.

… the mountain, to breathe clean air and gaze the landscape.

… the kindergarten, to laugh with the children and play with them.

… the park, to walk and meditate.

… the temple to pray and thank.

… the library, to browse interesting books while enjoying a good coffee.

… house with friends, to share our joys and sorrows.

13. La casa de Benito

Benito tiene una **casa de vacaciones** en la montaña. Su casa es pequeña pero muy **acogedora**. Tiene dos habitaciones: **una principal** y **una para huéspedes**. La casa también tiene cocina, sala-comedor, dos baños y una terraza. La terraza tiene una vista espectacular.

En su casa vacacional no hay televisor ni computadora, únicamente un pequeño equipo para oír música, y libros y revistas de temas variados.

Durante el día, Benito sale a caminar por los **alrededores** y **pasea** por el **pueblo**. En el pueblo compra la comida. Por la noche, Benito enciende la **chimenea** para calentar el lugar y **ahuyentar** a los mosquitos.

Vocabulario:

Casa de vacaciones: weekend house

Acogedora: cozy

Una principal (habitación/cuarto): a master bedroom

Una para huéspedes (habitación/cuarto): a guest bedroom

Alrededores: surrounding area

Pasea (pasear): takes walks

Pueblo: town

Chimenea: fireplace

Ahuyentar: shoo away

Comprensión De La Lectura.

Selecciona una sola respuesta para cada pregunta:

1) ¿Qué tiene Benito?

a. Una montaña

b. Un pueblo

c. Dos habitaciones

d. Una casa

2) ¿Cómo es su casa?

a. Pequeña

b. Grande

c. Enorme

d. Espectacular

3) La casa tiene:

a. Dos terrazas y dos baños.

b. Una habitación y una terraza.

c. Dos habitaciones y una terraza.

d. Dos baños y tres habitaciones.

4) ¿Qué hay en la casa de Benito?

a. Libros

b. Televisor

c. Computadora

d. Patio

5) ¿Qué hace Benito en la noche?

a. Da un paseo por el pueblo.

b. Enciende la chimenea.

c. Compra la comida.

d. Camina por el jardín.

Respuestas:

1) d, 2) a, 3) c, 4) a, 5) b.

Benito's House.

Benito has a weekend house in the mountain. His house is small but very cozy. It has two bedrooms: a master bedroom and a guest bedroom. The house also has kitchen, living-dining room, two bathrooms and a terrace. The terrace has a spectacular view.

In his weekend house there is no television or computer, there is only a small stereo to listen to music, and books and magazines of varied topics.

During the day, Benito goes for a walk in the surrounding area and takes walks in the town. In the town he buys the food. At night, Benito lights the fireplace to warm the place and shoo away the mosquitoes.

14. En el zoológico

Alba: ¡Guau, está **bostezando**!

Cristina: No me quiero imaginar esos **colmillotes**.

Alba: ¡Ni el **aliento**, jajaja!

Cristina: Jajaja, si. Lo que me gusta de este parque es que los animales **se ven** bien. Se nota que están bien **alimentados y cuidados**.

Alba: **Francamente** prefiero verlos en su ambiente natural, pero al menos acá están en **espacios** amplios y bien **acondicionados**.

Vocabulario:

Bostezando: yawning

Colmillotes: big fangs

Aliento: breath

Se ven (verse): look

Alimentados y cuidados: fed and taken care of

Francamente: frankly

Espacios: enclosures

Acondicionados: well-conditioned

Comprensión de la lectura.

Escribe una respuesta corta para cada pregunta:

1) ¿Dónde están Alba y Cristina?
_____

2) ¿Qué está haciendo el tigre?
_____

3) ¿Qué no quieren imaginar las chicas?
_____

4) ¿Qué le gusta a Alba de ese lugar?
_____

5) ¿Qué le gusta a Cristina de ese lugar?
_____

6) ¿Quién de las dos prefiere ver a los animales en su ambiente natural? _____

Respuestas:

1) En el zoológico, 2) Bostezando, 3) Los colmillotes y el aliento del tigre, 4) Los espacios amplios y bien acondicionados, 5) Que los animales se ven bien / que los animales están bien alimentados, 6) Alba.

Note: Colmillotes are big fangs. "Ote" is an augmentative suffix of Spanish.

At The Zoo

Alba: ¡Wow, it's yawning!

Cristina: I don't want to imagine those big fangs.

Alba: ¡Nor the breath, ha ha ha!

Cristina: Ha, ha, ha, yes. What I like about this park is that the animals look well. They are well fed and taken care of.

Alba: Frankly I prefer to see them in their natural environment, but at least here, they are in spacious and well-conditioned enclosures.

15. Soy nuevo aquí

Adrián: ¿Cuánto cuesta el **pasaje** en autobús?

Juliana: 1 peso 25 centavos.

Adrián: ¿Hay alguna tarifa especial para niños o **tercera edad**?

Juliana: Si, ellos pagan la **mitad**.

Adrián: ¿Dónde queda el supermercado más cercano?

Juliana: Al llegar a la esquina, cruzas a la izquierda y a menos de media **cuadra** tienes uno.

Adrián: ¿Hay alguna librería o biblioteca por aquí?

Juliana: La librería más **cercana** está bastante retirada, tienes que ir en metro; pero hay una biblioteca más o menos grande a 4 cuadras de tu edificio.

Adrián: ¿A qué hora abre la panadería?

Juliana: A las 6 de la mañana.

Adrián: ¿A qué hora abre el centro comercial?

Juliana: A las 9 de la mañana y cierra a las 10 de la noche.

Adrián: ¿Hay algún **cajero** cerca?

Juliana: Si, pasando el supermercado hay uno y casi llegando a la biblioteca tienes otro.

Vocabulario:

Pasaje: fare

Tercera edad: seniors

Mitad: half

Cuadra: block

Cercana: near

Cajero (automático): ATM

Comprensión De La Lectura.

Selecciona la información correcta para completar cada proposición:

1) La panadería abre:

a. a las 10 de la mañana

b. a las 6 de la mañana

c. a las 9 de la mañana

2) El centro comercial cierra:

a. a las 10 de la noche

b. a las 10 de la mañana

c. no cierra

3) El supermercado más cercano queda:

a. a cuatro cuadras del edificio

b. muy retirado

c. a menos de dos cuadras

4) Para ir a la librería:

a. hay que tomar el metro

b. caminar cuatro cuadras

c. pasar por el supermercado

5) El cajero automático está:

a. llegando a la librería

b. llegando a la biblioteca

c. llegando a la panadería

Respuestas:

1) b, 2) a, 3) c, 4) a, 5) b.

I'm New Here

Adrián: How much is the bus fare?

Juliana: 1 peso 25 cents.

Adrián: Is there a special fare for children or seniors?

Juliana: Yes, they pay half (the price).

Adrián: Where is the nearest supermarket?

Juliana: At the corner, make a left and you'll have one less than half a block away.

Adrián: Is there a bookstore or library around here?

Juliana: The nearest bookstore is quite far, you have to go by subway, but there is a quite-large library 4 blocks away from your building.

Adrián: At what time does the bakery open?

Juliana: At 6 in the morning.

Adrián: At what time does the mall open?

Juliana: At 9 in the morning and closes at 10 pm.

Adrián: Is there an ATM nearby?

Juliana: Yes, there is one passing the supermarket, and almost reaching the library there is another one.

16. Citas para reflexionar

"Quien recibe lo que no **merece pocas veces** lo agradece".

Francisco Gómez de Quevedo y Villegas

"Si no **fuera** por el **último** minuto muchas cosas no se terminarían de hacer".

Michael S. Traylor

"En el fondo son las **relaciones** con las personas lo que da valor a la vida".

Guillermo de Humboldt

Vocabulario:

Merece: deserve

Pocas veces: seldom

Fuera (the imperfect tense of the subjunctive mood of the verb bethat expresses wish, hope, doubt, etc.): were

Último: last

Relaciones: relationships

Comprensión De La Lectura.

Selecciona una sola respuesta según las citas:

1) ¿Cuándo se terminan de hacer muchas cosas?

a. En la vida.

b. En el último minuto.

c. A última hora.

2) ¿Quiénes agradecen pocas veces?

a. Todas las personas.

b. Las personas que reciben lo que no merecen.

c. Francisco Gómez de Quevedo y Villegas.

3) ¿Qué da valor a la vida?

a. Las relaciones con las demás personas.

b. El último minuto.

c. El fondo de las relaciones.

4) ¿Cuál de los tres hombres habla sobre el valor de la vida?

a. Guillermo de Humboldt

b. Michael S. Traylor

c. Francisco Gómez de Quevedo y Villegas

5) ¿Cuál de los tres hombres habla sobre el valor del tiempo?

a. Francisco Gómez de Quevedo y Villegas

b. Michael S. Traylor

c. Guillermo de Humboldt

Respuestas:

1) b, 2) b, 3) a, 4) a, 5) b.

Quotes To Think About

Those who receive what they do not deserve are seldom thankful.

Francisco Gómez de Quevedo y Villegas

If it weren't for the last minute, a lot of things wouldn't get done.

Michael S. Traylor

In the end, it is our relationships with other people that make our lives worth living.

Wilhelm von Humboldt

17. Artes plásticas

El término "artes plásticas" **apareció** a principios del siglo XIX para referirse **principalmente** a la pintura, la escultura, la arquitectura, la **orfebrería** y la **artesanía**.

Las artes plásticas utilizan materiales que pueden ser modificados o **moldeados** para crear una obra. De manera más amplia se denominan artes visuales para diferenciarlas de la literatura, la música y la danza.

Vocabulario:

Apareció (aparecer): appeared

Principalmente: mainly

Orfebrería: goldsmithing

Artesanía: handicraft

Moldeados: moulded

Comprensión de la lectura.

Completa cada frase con una palabra del siguiente grupo:

visuales   arquitectura   diecinueve música   modificables

1) El término "artes plásticas" apareció en el siglo:
_____

2) Las artes plásticas incluyen la:
_____

3) Las artes plásticas no incluyen la:
_____

4) Las artes plásticas utilizan materiales:
_____

5) Las artes plásticas también se denominan:
_____

Respuestas:

1) diecinueve, 2) arquitectura, 3) música, 4) modificables, 5) visuales.

Plastic Arts

The term "plastic arts" appeared at the beginning of the nineteenth century to refer mainly to painting, sculpture, architecture, goldsmithing and handicraft.

The plastic arts use materials that can be modified or moulded to create a work. The word is broadly used for all the visual arts to differentiate them from literature, music and dance.

18. Brûlée

El café brûlée existe y se llama café **caramelo** Brûlée, una mezcla de café con caramelo que **evoca** al **clásico** postre francés créme brûlée. Pones café caliente en una taza y luego añades una porción similar de una mezcla de leche, azúcar y salsa de caramelo y **revuelves**. **Cubres** con crema batida, **esparces** un poco de azúcar sobre la crema y la doras con un **soplete de cocina**. ¡Delicioso!

Vocabulario:

Caramelo: caramel, candy

Evoca (evocar): recalls

Clásico, tradicional: classic

Revuelves (revolver, mezclar): stir

Cubres (cubrir): top

Esparces (esparcir): sprinkle

Soplete de cocina: cooking blowtorch

Comprensión De La Lectura.

Escribe una respuesta corta para cada pregunta:

1) ¿Qué es el café brûlée?

_____

2) ¿A qué debe su nombre?

_____

3) ¿Cuáles son los 3 ingredientes de la mezcla que se añade al café?

_____

4) ¿Con qué se cubre el café?

_____

5) ¿Con qué instrumento se dora el azúcar?

_____

Respuestas:

1) Una mezcla de café con caramelo, 2) Al clásico postre francés créme brûlée, 3) Leche, azúcar y salsa de caramelo, 4) Con crema batida, 5) Con un soplete de cocina.

Brûlée Coffee

Brûlée coffee exists and it is called Brûlée caramel coffee, a mix of coffee with caramel, which recalls the classic French dessert crème brûlée. Pour hot coffee into a mug, and then add a similar portion of a mix of milk, sugar, and caramel sauce, and stir. Top with whipped cream, sprinkle a little bit of sugar over the cream, and brown it with a cooking blowtorch. Yummy!

19. Partido de futbol

Steve: Peter te invitó a ver el **partido** de futbol en mi casa. Van a venir otros amigos y **familiares**.

Peter: Buenísimo, Steve. Puedo llevar unas cervezas y algunas **chucherías** para compartir.

Steve: No llegues tarde, y si a tu esposa le gusta el futbol invítala a venir también; y si no le gusta, pues se pone a conversar con la mía.

Peter: Me parece bien. Nos vemos media hora antes de que inicie el partido. **¿Te parece?**

Steve: **Estupendo**, los esperamos.

Vocabulario:

Partido: game

Familiares: relatives

Chucherías: snacks

¿Te parece?: What do you say?

Estupendo: Great

Comprensión De La Lectura.

Selecciona una o más respuestas para las siguientes preguntas:

1) ¿Quién invitó a ver un partido de futbol en su casa?

a. Peter

b. Steve

c. Algunos familiares y amigos

2) ¿Quiénes van a venir?

a. Peter y quizás su esposa

b. Otros amigos y familiares de Peter

c. Otros amigos y familiares de Steve

3) ¿Qué llevará Peter para compartir?

a. Cervezas

b. Chucherías

c. Refrescos

4) ¿Cuándo debe llegar Peter a la casa de Steve?

a. Tarde

b.	Temprano

c.	Media hora antes de que empiece el partido

5)	¿Qué hará la esposa de Peter si no le gusta el futbol?

a.	Leer una revista

b.	Conversar con las otras señoras

c.	Quedarse en casa

Respuestas:

1) b, 2) a, c, 3) a, b, 4) c, 5) b.

Football Game

Steve: Peter, come watch the football game at my house. Other friends and relatives will come.

Peter: Great, Steve. I can bring some beers and snacks to share.

Steve: Don't be late, and if your wife likes football, bring her too; and if she doesn't, then she could chat with mine.

Peter: I think that's fine. We'll see you half an hour before the game starts. What do you say?

Steve: Great, hope to see you.

20. Foto pose

Antonio: ¿Viste qué **cómica** esa **suricata**?

Isabel: ¡Demasiado cómica, pega la carrera alrededor de la **cuevita** y luego se para frente a nosotros, como si estuviera **posando** para las cámaras!

Antonio: Exactamente.

Isabel: Me encantan estos animales.

Antonio: A mí también, me recuerdan a Timón del Rey León.

Hilda: Amigos, he escuchado que hay suricatas **vigías**, que permanecen **erguidas** sobre sus patas traseras por si acaso hay algún movimiento extraño.

Isabel: **Pobrecita**, ojalá no las estemos asustando.

Antonio: Si, son animalitos simpáticos, sociables e interesantes. Imagínense que son **inmunes** a algunos venenos.

Hilda: Con razón he leído que pueden comer escorpiones y arañas.

Isabel: ¡Tómale una foto, Hilda, está posando para ti!

Vocabulario:

Cómica: funny

Suricata: suricate

Cuevita: little cave

Posando: posing

Vigías: sentries

Erguidas: upright

Pobrecitas: poor thing

Inmunes: immune

Comprensión De La Lectura.

Escribe V de Verdadero o F de Falso después de cada oración:

1) Las suricatas son animales sociables. _____

2) Timón es una suricata._____

3) Las suricatas no comen escorpiones._____

4) La suricata de la foto está posando para Hilda. _____

5) Antonio ha escuchado que hay suricatas vigías.

Respuestas:

1) v, 2) v, 3) f, 4) v, 5) f.

Photo Pose

Antonio: Did you see how funny that suricate is?

Isabel: Too funny, she takes off around the little cave and then stands up in front of us, as if she were posing for the cameras!

Antonio: Exactly.

Isabel: I love these animals.

Antonio: I do too. They remind me Timon from The Lion King.

Hilda: Friends, I've heard that there are suricate sentries, who stand upright on their rear legs watching for strange movements.

Isabel: Poor thing, I hope we're not scaring them.

Antonio: Yes, they are nice, sociable and interesting animals. Imagine that they are immune to some venoms.

Hilda: No wonder I have read they can eat scorpions and spiders.

Isabel: Take a picture, Hilda, she's posing for you!

21. Te doy mi receta

Nicole: ¡¿Por qué tan deliciosas estas panquecas?!

Jennifer: ¿Quieres la **receta**?

Nicole: Sí, por favor, ¡están suaves, **esponjosas** y deliciosas!

Jennifer: **Anota**: Todos los ingredientes tienen que estar a **temperatura ambiente**. Por cada huevo usa media taza de leche y media taza de harina leudante. También vas a **añadir** 1 cucharada de azúcar, 1 de mantequilla derretida, una **pizca** de sal y una pizca de **bicarbonato** o polvo de hornear. Puedes agregar esencia de vainilla **al gusto**, yo le pongo media cucharada. **Bates** por unos segundos. **Engrasas** un **sartén**…

Nicole: ¿Si uso uno de **teflón**, no es mejor?

Jennifer: Claro, pero yo siempre lo engraso un poquito por si acaso. ¡La primera panqueca siempre **se pega**!

Nicole: Es verdad.

Jennifer: Echas una porción de la mezcla, esperas a que empiecen a formarse **burbujitas** en la superficie y **volteas** la panqueca. La tapas y la cocinas1ó2 minutos más, ¡y listo!

Nicole: **Apenas** tenga todos los ingredientes las hago y te envío la foto.

Jennifer: Vale. ¡Ah, y no puede faltar la miel para acompañarlas!

Vocabulario:

Receta: recipe

Esponjosas: fluffy

Anota: take notes

Temperatura ambiente: room temperature

Añadir: add

Pizca: pinch, bit

Bicarbonato: baking soda

Al gusto: to taste

Bates (batir): whisk

Engrasas (engrasar): oil

Sartén: frying pan

Teflón: nonstick pan

Se pega (pegarse): sticks

Burbujitas: little air bubbles

Volteas (voltear): flip

Apenas: as soon as

Comprensión De La Lectura.

Traza una línea entre la columna de la derecha y la columna de la izquierda para unir palabras que guarden relación:

Receta	temperatura ambiente
Sartén	sal
Pizca	esponjosa
ingredientes	teflón
Panqueca	Jennifer

Note: This is a real recipe. Make it: you'll love it!

Respuestas:

1) receta-Jennifer, 2) sartén-teflón, 3) pizca-sal, 4) ingredientes-temperatura ambiente, 5) panqueca-esponjosa.

I Give You My Recipe

Nicole: Why are these pancakes so delicious?!

Jennifer: Do you want the recipe?

Nicole: Yes, please, they are soft, fluffy and delicious!

Jennifer: Take notes: All the ingredients have to be at room temperature. Use half a cup of milk and half a cup of self-rising flour for each egg. You will also add 1 tablespoon of sugar, 1 tablespoon of melted butter, a pinch of salt and a pinch of baking soda or baking powder. You can add vanilla extract to taste, I put half a tablespoon. Whisk for a few seconds. Oil a frying pan...

Nicole: Is it not better if I use a nonstick pan?

Jennifer: Sure, but I always oil it a little, just in case. The first pancake always sticks to the pan!

Nicole: It's true.

Jennifer: Pour a portion of the batter, wait until little air bubbles start to form on the surface and flip it. Cover and cook for 1 or 2 minutes more, and ready!

Nicole: As soon as I have all the ingredients I'll make them and send you the pic.

Jennifer: Okay. Oh, and you cannot leave out the honey to accompany them!

22. La plaza de las palomas

En casi todas las ciudades y pueblos hay una plaza de las palomas. Las palomas comunes son aves de color **grisáceo** con **bandas** negras en sus alas. También las hay unicolor o con **manchas**. La gente las alimenta con **migas** de pan, galletas, **cotufas** o **sobras** de comida. Por eso se **acercan**. Sin embargo, cuando la población de palomas es enorme pueden **convertirse** en un problema de salud pública por la **transmisión** de enfermedades como la salmonelosis.

Vocabulario:

Grisáceo: grayish

Bandas: bars

Manchas: patches

Migas: bread crumbs

Cotufas (palomitas de maíz): popcorn

Sobras: leftovers

Acercan (acercarse): come closer

Convertirse (convertir): become

Transmisión: transmission

Comprensión De La Lectura.

Sustituye las palabras subrayadas en la oración con una palabra del siguiente grupo:

grisáceo	migas	salmonelosis
alas	palomas	

1) Las palomas transmiten la infección por bacterias del género Salmonella.

_____

2) Las palomas son de un color similar al gris.

_____

3) En muchos lugares hay una población de aves pequeñas muy comunes.

_____

4) La gente las alimenta con las partes suaves del pan.

_____

5) Algunas palomas tienen bandas negras en las partes del cuerpo que sirven para volar:

_____

Respuestas:

1) salmonelosis, 2) grisáceo, 3) palomas, 4) migas, 5) alas.

The Pigeon Square

There is a pigeon square in almost all the cities and towns. The common pigeons are grayish birds with black bars on its wings. You'll also find them monocolour or with patches. People feed them with bread crumbs, cookies, popcorn or any leftovers. That's why they come closer. However, when the pigeon population is enormous they can become apublic health concern due to the transmission of diseases such as salmonellosis.

23. En el liceo

Natalia: La semana que viene comienzan las evaluaciones. El lunes, sociales; el martes, matemáticas, el miércoles, libre; el jueves, lenguaje y el viernes, biología. La **semana de arriba** tenemos una **exposición** de inglés el lunes, y terminamos con un trabajo de cívica que hay que entregar el martes sobre cómo ser un buen **ciudadano**.

Oscar: **Menos mal** que comenzamos con sociales, porque tenemos todo el fin de semana para aprendernos ese poco de nombres y fechas.

Natalia: Yo hice un **resumen** completo sobre las guerras mundiales. Si quieres estudiamos en grupo, que es menos **aburrido**. Diana y Robert también vendrán. Le dices a tu mamá que te traiga mañana como a las 4.

Oscar: Buenísimo, le diré. Gracias por **ponerme al día**.

Natalia: A la orden. Me alegra que estés mejor y espero que no te vuelvas a enfermar.

Oscar: Si, por favor, una semana **sin** clases fue

suficiente. Tengo mucho que estudiar.

Vocabulario:

Semana de arriba: the week ahead

Exposición: presentation

Ciudadano: citizen

Menos mal: It's a good thing

Resumen: summary

Aburrido: boring

Ponerme al día (ponerse al día): keeping me in the loop, keep me up to date, getting me up to speed.

Sin: without

Suficiente: enough

Comprensión De La Lectura.

A. Selecciona una sola respuesta para cada pregunta:

1) ¿Cuál es el primer examen de los chicos?

a. Inglés

b. Sociales

c. Cívica

d. Deportes

2) ¿En cuál materia deben entregar un trabajo?

a. Biología

b. Inglés

c. Cívica

d. Sociales

3) ¿En cuál materia deben hacer una exposición?

a. Inglés

b. Lenguaje

c. Cívica

d. Sociales

4) ¿Qué día no tienen evaluación?

a. El lunes de la semana que viene.

b. El martes de la semana que viene.

c. El miércoles de la semana que viene.

d. El lunes de la semana de arriba.

5) ¿Por qué Oscar faltó a clases?

a. Porque hubo examen.

b. Porque no hizo el trabajo.

c. Porque estaba enfermo.

d. Porque estaba aburrido

B. Escribe una respuesta corta para cada pregunta:

6) ¿De qué tema y materia Natalia hizo un resumen?
_____

7) ¿Cuántos días faltó a clases Oscar?
_____

8) ¿Quiénes irán a estudiar a casa de Natalia?
_____

9) ¿Con cuál materia terminan las evaluaciones?
_____

Respuestas:

A. 1) b, 2) c, 3) a, 4) c, 5) c.

B. 6) Las guerras mundiales, sociales, 7) una semana, 8) Diana, Robert y Oscar, 9) con Cívica.

In High School

Natalia: Evaluations begin next week. On Monday, Social Studies; on Tuesday, Mathematics; Wednesday, free; on Thursday, Literature; and on Friday, Biology. The week ahead we have a presentation in English on Monday, and we finish with a Civics assignment, that we has to deliver on Tuesday, on how to be a good citizen.

Oscar: It's a good thing; we start with Social, because we have all the weekend to learn that bunch of names and dates.

Natalia: I made a complete summary on the world wars. If you like we are going to study in groups, which is less boring. Diana and Robert will also come. Tell your mom to bring you tomorrow around 4.

Oscar: Great, I'll tell her. Thanks for keeping me in the loop.

Natalia: You're welcome. I'm glad you're better and I hope you do not get sick again.

Oscar: Yes, please, a week without classes was enough. I have a lot to study.

24. Presentaciones

Facilitador: Antes de comenzar el **taller** vamos a presentarnos rápidamente.

Wilson: Hola, me llamo Wilson. Soy de Alemania, estudio **administración de empresas** y trabajo en un gimnasio.

Paula: Hola, soy Paula y vivo con mi tía aquí en Madrid, pero soy italiana. Estoy estudiando **idiomas**.

Josué: Nosotros somos de Brasil pero estamos aprendiendo español. Me llamo Josué y ella es Amanda.

Amanda: Estamos **sacando** un **diplomado** en **publicidad y mercadeo** en redes sociales.

Orlando: Me llamo Orlando y soy venezolano. Ella es Rosario y es española. Estamos estudiando **computación**. Yo trabajo en un banco.

Rosario: Y yo trabajo en una agencia de viajes. Orlando llegó a la oficina para comprar un boleto para Londres,

¡pero se **arrepintió**! (risas)

Vocabulario:

Facilitador: facilitator

Taller: workshop

Administración de empresas: Business administration

Idiomas: Languages

Sacando (sacar) un diplomado: getting a diploma

Publicidad y mercadeo: Publicity and marketing

Computación: Computer science

Arrepintió (arrepentirse): changed (his) mind

Comprensión De La Lectura.

¿Falso o Verdadero? Escribe V o F y corrige las oraciones falsas:

1) Paula es española y estudia idiomas. _____

2) Amanda y Josué son venezolanos. _____

3) Wilson es de Italia y estudia publicidad y mercadeo.

_____

4) Rosario es española y estudia computación. _____

5) Orlando es venezolano y trabaja en un gimnasio. _____

Respuestas:

1) f. Paula estudia idiomaspero es italiana.

2) f. Amanda y Josué son brasileños.

3) f. Wilson es de Alemania y estudia administración de empresas.

4) v.

5) f. Orlando es venezolano pero trabaja en un banco.

Introductions

Facilitator: Before commencing the workshop let's introduce ourselves quickly.

Wilson: Hi, I'm Wilson. I am from Germany, study Business administration and work in a gym.

Paula: Hi, my name's Paula and I live with my aunt here in Madrid, but I'm Italian. I'm studying Languages.

Josué: We are from Brazil but we're learning Spanish. I'm Josué and this is Amanda.

Amanda: We are getting a diploma on Publicity and

marketing in social media.

Orlando: My name's Orlando and I am Venezuelan. This is Rosario and she is Spanish. We are studying Computer science. I work in a bank.

Rosario: And I work in a travel agency. Orlando came to the office to buy a ticket to London, ibut he changed his mind! (Laughs)

25. Particularidades del serval

El serval es un felino salvaje **oriundo de** la sabana africana. En relación con el tamaño de su cuerpo, la cara es pequeña, las orejas muy grandes y las patas son las más largas de todos los felinos. Puede dar **saltos** amplios, tanto hacia arriba como hacia adelante.

Es la única especie de su género, pero hay varias subespecies.

Las crías pueden ser **domesticadas** pero son **desobedientes** y no suelen reconocer la **jerarquía** de su dueño.

Sin embargo, se han producido **cruces exitosos** de servales con gatos domésticos en los EEUU, dando origen a la raza de gatos llamada Savannah, una de las más especiales.

Vocabulario:

Oriundo de: native to

Saltos: leaps

Domesticadas: domesticated

Desobedientes: disobedient

Jerarquía: hierarchy

Cruces: crosses

Exitosos: successful

Comprensión De La Lectura.

Selecciona la oración verdadera:

1) a. Los gatos domésticos en los EEUU se llaman servales.

i) b. Los servales se han cruzado con gatos Savannah de manera exitosa.

ii) c. Los gatos se han cruzado con servales originando la raza Savannah.

2) a. Las crías de servales han sido domesticadas.

i) b. Las crías de servales son muy obedientes.

ii) c. Las crías de servales reconocen la jerarquía de su dueño.

3) a. El serval es la única subespecie de su género.

i) b. Hay varias subespecies de servales.

b) c. El serval es el único felino que queda.

4) a. Los servales pueden saltar haciaatrás.

i) b. Los servales pueden saltar hacia arriba.

b) c. Los servales solo pueden caminar.

5) a. En relación con su cuerpo, las patas son largas.

a) b. En relación con su cuerpo, la cara es muy grande.

i) c. En relación con su cuerpo, las orejas son muy pequeñas.

Respuestas:

1) c, 2) a, 3) b, 4) b, 5) a.

Distinctive Features Of The Serval

The serval is a wild feline native to the African savanna. In relation to his body size, the face is small, the ears very large and the legs are the longest of all the felines. It can give wide leaps, both upwards and forwards.

It is the only species of its genus, but there are several subspecies.

The offspring can be domesticated but are disobedient and do not usually recognize the owner hierarchy.

However, there have been successful crosses between servals and domestic cats in the US, giving rise to the breed of cats called Savannah, one of the most special.

26. Cambio de divisas

Virginia: Disculpe, ¿me podría indicar dónde queda esta **casa de cambio**? (mostrando un papel).

Agente de seguridad: Eso está en el primer **piso**. Baje la escalera mecánica y camine **derechito** hasta el fondo. La va a ver a la izquierda. Trabajan hasta las 3. Si se apura los consigue.

Virginia: Muchas gracias. ¿Podría decirme si hay **otra** casa de cambio en el centro comercial, además de ésta? En caso de que esté **cerrada**.

Agente de seguridad: Hay una en este piso, por ese pasillo, al lado de una **perfumería** grande, pero no abren los sábados.

Virginia: Gracias.

Vocabulario:

Casa de cambio: currency exchange

Agente de seguridad: security agent

Piso: floor

Derechito: straight ahead

Otra: another

Cerrada: closed

Perfumería: perfumery

Comprensión De La Lectura.

Escribe una respuesta corta para cada pregunta:

1) ¿Cuántas casas de cambio hay en el centro comercial?

_____

2) ¿Cuántas casas de cambio trabajan los sábados?

3) ¿Quién le dio la información a Virginia?

4) ¿En qué piso se encuentran los personajes?

5) ¿Al lado de qué tienda está una de las casas de cambio?

Respuestas:

1) Dos, 2) Una, 3) Un agente de seguridad, 4) En el piso 2;cuando Virginia pregunta dónde está la casa de cambio, el hombre le dice en el 1er piso y le pide <u>bajar una</u> escalera, 5) Al lado de una perfumería grande.

Currency Exchange

Virginia: Excuse me; ¿could you tell me where this currency exchange is? (Showing a paper).

Security agent: This is on the first floor. Go down the escalator and walk straight ahead till the end. You'll see it on your left. They work until 3. If you hurry you get them.

Virginia: Thank you very much. ¿Could you tell me if there is another money exchange in the mall apart from this? In case that this is closed.

Security agent: There is one on this floor, down that hall, next to a big perfumery, but they don't open on Saturdays.

Virginia: Thank you.

27. ¿Sabía usted? Flor, abeja, miel, hombre.

Las abejas encuentran su fuente de alimento y vuelan en una línea **recta** imaginaria entre el alimento y la **colmena**.

La vegetación determina el sabor de la miel. Si la flor tiene algún **olor** en particular, la miel tendrá ese mismo **sello**.

Los tres meses que vive una abeja **obrera** los dedica totalmente a trabajar por su comunidad.

Todas las mieles son buenas, pero una miel fuerte es una mezcla de néctares de distintas plantas.

Meliponicultura se refiere a la **crianza** de abejas nativas sin **aguijón**.

Crear **conciencia** y **empatía** hacia estos insectos y la naturaleza en general es fundamental para preservar el medio ambiente y la vida.

Vocabulario:

Recta: straight

Colmena: hive

Olor: smell

Sello: signature

Obrera: worker bee

Crianza: breeding

Aguijón: sting

Conciencia: consciousness

Empatía: empathy

Comprensión De La Lectura.

A. Completa cada frase con una palabra de la lectura:

1) Determina el sabor de la miel:

2) Crianza de abejas sin aguijón:

3) Trabaja toda su vida por su comunidad:

4) Casa de la abeja:

5) Alimento dulce elaborado por las abejas:

Respuestas:

1) vegetación / flores, 2) meliponicultura, 3) abeja obrera, 4) colmena, 5) miel.

Did You Know? Flower, Bee, Honey, Man.

The bees find their source of food and flies in an imaginary straight line between the food and the hive.

Vegetation determines the taste of honey. If the flower has a particular smell, the honey will have that same signature.

The three months a worker bee lives are totally dedicated to working for their community.

All the honeys are good, but a strong honey is a mixture of nectars from different plants.

Meliponiculture refers to the breeding of native stingless bees.

Creating consciousness and empathy towards these insects and nature in general is essential to preserve the environment and life.

28. Problemas con internet

Rubén: **Disculpa que te interrumpa**.

Darío: Tranquilo, dime.

Rubén: Estoy intentando entrar a la página del banco, pero nada. ¿Podrías intentar entrar tú a ver si es mi **conexión** o la página?

Darío: Si, dame un minuto… Abrió. Me parece que es tu conexión.

Rubén: Muchas gracias, me tocará intentar nuevamente después.

Darío: Yo he podido trabajar sin problemas en varias páginas distintas durante la mañana. Si tienes alguna **transacción** urgente puedes venir y hacerla aquí.

Rubén: Gracias, **lo tomaré en cuenta**.

Vocabulario:

Disculpa que te interrumpa (interrumpir):Sorry to interrupt, excuse me for interrupting, but….

Conexión: connection

Transacción: transaction

Lo tomaré en cuenta: I'll take it into account

Comprensión De La Lectura.

Escribe una respuesta corta para cada pregunta:

1) ¿A qué página está intentando entrar Rubén?
_____

2) ¿Ha podido lograrlo?
_____

3) ¿El problema es de la conexión o de la página?
_____

4) Darío ofreció ayudar a Rubén mañana. Cierto o Falso. _____

5) Rubén tomará en cuenta la oferta de su amigo. Cierto o Falso. _____

Respuestas:

1) A la página de un banco, 2) No, 3) De la conexión, 4) Falso, 5) Cierto.

Problems With Internet

Rubén: Sorry to interrupt....

Darío: No problem, tell me.

Rubén: I'm trying to log into the bank's website, but nothing. Could you try to see if it is my connection or the website?

Darío: Yes, give me a minute ... It opened. I think it's your connection.

Rubén: Thank you very much. I'll have to try again later.

Dario: I've been able to work with no problems on several different pages during the morning. If you have an urgent transaction you can come over and do it here.

Rubén: Thank you, I'll take it into account.

29. Centro comercial con jardín artificial

Gloria: ¿Quieres venir esta tarde un rato al centro comercial?

Susana: Me encantaría. Amo esos centros comerciales con jardines **artificiales**. Es como si estuviéramos en un parque. Los niños pueden correr y jugar sin **molestar** a nadie y sin **peligro**.

Gloria: Así es. Luego podemos llevarlos a comer un helado. Allí mismo hay varias **heladerías** muy buenas.

Susana: ¡Fabuloso, ¿a qué hora nos vemos?!

Gloria: ¿**Te parece** como a las 3.30?

Susana: Perfecto. Nosotros caminamos hasta allá, nos

queda cerca.

Gloria: Nos vemos en la entrada.

Vocabulario:

Artificiales: artificial

Molestar: bothering

Peligro: risks

Heladerías: ice cream parlors

¿Te parece…?: How about…?

Comprensión De La Lectura.

Selecciona una sola respuesta para completar la oración:

1) Gloria y Susana irán:

a. a un jardín artificial

b. a un parque

c. a un centro comercial

2) A Susana le encantan:

a. los centros comerciales

b. las heladerías

c. los centros comerciales con jardines artificiales

3) En estos jardines los niños pueden:

a. correr y jugar sin peligro

b. comer helados

c. molestar a la gente

4) En el centro comercial:

a. hay una sola heladería

b. hay más de una heladería buena

c. hay varias heladerías malas

5) Susana irá hasta el centro comercial:

a. caminando

b. en autobús

c. Gloria la pasará buscando

Respuestas:

1) c, 2) c, 3) a, 4) b, 5) a.

Mall With Artificial Garden

Gloria: Do you want to come to the mall for a while this afternoon?

Susana: I would love it. I love those malls with artificial gardens. It is like if we were in a park. Children can run and play without bothering anyone and with no risks.

Gloria: That's right. Then we can take them for an ice cream. There are several ice cream parlors that are very good, there.

Susana: Fabulous, what time shall we meet?!

Gloria: How about 3.30?

Susana: Perfect. We'll walk there, it's quite close.

Gloria: See you at the entrance.

30. ¿Me das permiso?

Camila: Mamá, ¿me das **permiso** para ir a jugar con Pedrito?

Trina: ¿Ya hiciste tus **deberes**?

Camila: Sí.

Trina: Tráeme tu cuaderno de actividades, por favor.

Camila: **Aquí está**.

Trina: Muy bien. Tienes permiso hasta las 5 p.m. ¿La mamá de Pedrito va a estar en su casa?

Camila, No sé, mamá.

Trina: Bueno, déjame llamarla y luego que hable con ella te **autorizo** para que vayas a jugar un rato, solo si ella también **está de acuerdo**.

Camila: Esta bien, mamá.

Vocabulario:

Permiso: permission

Deberes/tareas: homework

Aquí está/tienes: Here you are

Autorizo (autorizar): authorise

Está de acuerdo (estar de acuerdo): agrees

Comprensión De La Lectura.

Escribe una respuesta corta para cada pregunta:

1) ¿Con quién quiere jugar Camila?
_____

2) ¿Qué le mostró Camila a su mamá?
_____

3) ¿Hasta qué hora le dará permiso su mamá?
_____

4) ¿Qué hará primero la mamá de Camila?
_____

5) ¿Cómo se llama la mamá de Camila?
_____

Respuestas:

1) con Pedrito, 2) su cuaderno de actividades, 3) hasta las 5, 4) hablar con la mamá de Pedrito, 5) Trina.

Can You Give Me Permission?

Camila: Mom, can you give me permission to go play with Pedrito?

Trina: Did you do your homework?

Camila: Yes.

Trina: Bring me your workbook, please.

Camila: Here you are.

Trina: Very good. You have permission until 5 p.m. Is Pedrito's mother going to be at home?

Camila, I don't know, mom.

Trina: Well, let me call her and after I talk to her I authorise you to go play for a while, only if she also agrees.

Camila: Okay, mom.

31. Bonsáis

Bonsái es una palabra japonesa que significa bon = 'bandeja', sai = 'cultivar'. Los bonsáis son plantas que se **modelan** empleando técnicas manuales para controlar su tamaño y forma; no son **manipulados** genéticamente. La **poda** y el **alambrado** son las técnicas más importantes y más comúnmente utilizadas.

Los bonsáis están plantados en macetas pequeñas y **por ende**, tienen una capacidad limitada para **almacenar** nutrientes y agua, y requieren cuidados

especializados.

No todas las plantas sirven para bonsái. Las más **idóneas** son aquellas que tienen hojas pequeñas por naturaleza y además son resistentes al cultivo en maceta. Los bonsáis de jade, olmo, arce, naranjo, pino, granada y cerezo japonés están entre los más populares.

Los expertos dicen que toma varios años de cuidados antes de que tengas ¡algo parecido a un árbol!

Vocabulario:

Modelan (modelar): are modeled

Manipulados (manipular): modified, manipulated.

Poda: pruning

Alambrado: wiring

Por ende: therefore

Almacenar: store

Especializados: specialized

Idóneas/ideales: suitable

Comprensión De La Lectura.

Escribe V de Verdadero o F de Falso después de cada oración:

1) Todas las plantas pueden ser bonsáis. _____

2) La capacidad de almacenamiento de nutrientes de los bonsáis es grande. _____

3) Toma años cultivar un bonsái. _____

4) El cerezo japonés, el arce y el jade sirven para bonsái. _____

5) Una técnica para crear bonsáis es la modificación genética.

Respuestas:

1) f, 2) f, 3) v, 4) v, 5) f.

Bonsais

Bonsai is a Japanese word that means bon = 'tray', sai = 'cultivate'. Bonsais are plants that are modeled using manual techniques to control their size and shape; they are not genetically modified. Pruning and wiring are the most important and most commonly used techniques.

Bonsais are planted in small pots and therefore have a limited capacity to store nutrients and water, and require specialized care.

Not all plants are good for bonsai. The most suitable are those that have small leaves naturally and are also resistant to pot confinement. The bonsais of jade, elms, maples, orange tree, pine, pomegranate and Japanese cherry are among the most popular.

Experts say it takes several years of care before you have something like a tree.

32. Mudanza

Cindy: El **casero** quiere poner el apartamento en venta y tengo que **mudarme**. ¡¿**Qué te parece**?!

Sara: ¿Sin previo aviso?

Cindy: Me dijo la semana pasada. Tengo tres meses para mudarme.

Sara: ¿Y ya tienes la **compañía de mudanzas**? Puedo recomendarte un señor que nos ayudó a nosotros cuando nos tocó venirnos de Los Ángeles.

Cindy: Te lo agradezco. Un amigo me ofreció su camioneta, pero no es suficiente. Tengo algunas cosas en un **depósito** y **otras** en la oficina, además de todo lo que tengo en el apartamento.

Sara: ¡Uno si **acumula** cosas! Y te vienes a dar cuenta cuando tienes que mudarte.

Vocabulario:

Casero: landlord

Mudarme (mudarse): move

¡¿Qué te parece?!: How about that?!

Compañía de mudanzas: moving company

Depósito: warehouse

Otras: others

Acumula (acumular): piles up

Comprensión De La Lectura.

Escribe a cuál personaje de la lectura corresponde los siguientes enunciados:

1) Conoce una compañía de mudanzas:

2) Tiene que mudarse:

3) Quiere poner el apartamento en venta:

4) Se mudó de Los Ángeles:

5) Tiene cosas en un depósito y en la oficina:

Respuestas:

1) Sara, 2) Cindy, 3) casero, 4) Sara, 5) Cindy.

The Move

Cindy: The landlord wants to put the apartment up for sale and I have to move. How about that?!

Sara: Without notice?

Cindy: He told me last week. I have three months to move.

Sara: And do you already have the moving company? I can recommend a man who helped us when we had to come from Los Angeles.

Cindy: I appreciate it. A friend offered me his van, but it's not enough. I have some things in a warehouse and others in the office, in addition to everything I've got in the apartment.

Sara: One piles up too many things! And you come to realize it when you have to move.

33. Complicaciones y soluciones

A. **Todavía** queda mucho por hacer. Por favor no te molestes en preparar una comida elaborada. Hagamos unos sándwiches y ya.

B: Totalmente de acuerdo.

A: Tengo problemas con el carro, **arranca** pero se apaga **solo**.

B: Conozco un mecánico bueno y honesto que va a la casa.

A: Tenemos que irnos pronto, va a llover.

B: Solo responderé una pregunta más y nos vamos.

A. Las **reglas** dicen que no podemos beber nada aquí adentro y tengo que tomarme el antibiótico.

B. Vamos a explicarle a la muchacha. Seguro que **harán** una **excepción**.

Vocabulario:

Todavía: still

Arranca (arrancar): goes

Solo: by itself, in this context.

Reglas: rules

Harán (hacer): will make

Excepción: exception

Comprensión De La Lectura.

Escribe V de Verdadero o F de Falso después de cada oración y corrige las oraciones falsas:

1) B va a preparar una pizza. _____

2) A tiene el carro en buen estado. _____

3) B conoce un buen mecánico. _____

4) Pronto lloverá. _____

5) A tiene que tomar el jarabe para la tos._____

Respuestas:

1) f, unos sándwiches 2) f, tiene problemas con el carro, 3) v, 4) v, 5) f, tiene que tomar el antibiótico.

Complications And Solutions

A: There's still a lot to do. Please, don't go to the trouble of making an elaborate meal. Let's just make some sandwiches.

B: I totally agree.

A. I have trouble with the car, it goes, but it turns off by itself.

B: I know a good and honest mechanic who goes to the house.

A: We have to leave soon, it is going to rain.

B: I'll only answer 1 more question and we're leaving.

A: The rules say that we cannot drink anything in here and I have to take the antibiotic.

B. Let's explain that to the girl. Surely they will make an exception.

34. Abrazos

¿Quién no habla hoy en día de los beneficios de abrazarse, ampliamente **reconocidos**? Los niños se abrazan; los amigos, se abrazan, las parejas se abrazan. Cuando estamos alegres nos abrazamos, igual que cuando estamos tristes, o nos **reencontramos**. Un abrazo es **sinónimo** de **calidez**, **seguridad** y **fraternidad**. Un abrazo puede subirte al cielo, ¡o bajarte el sol, la luna y las estrellas!

Vocabulario:

Reconocidos: recognized

Reencontrarnos (reencontrarse): meet again

Sinónimo: synonymous

Calidez: warmth

Seguridad: security

Fraternidad: fraternity

Comprensión De La Lectura.

Escribe V de Verdadero o F de Falso después de cada oración:

1) Los beneficios de abrazarse son poco conocidos.

2) Solo los amigos se abrazan.

3) Todo el mundo se abraza.

4) Nos abrazamos únicamente cuando estamos tristes.

5) Un abrazo es sinónimo de fraternidad.

Respuestas:

1) f, 2) f, 3) v, 4) f, 5) v.

Hugs

Who doesn't speak today about the widely-recognized benefits of embracing? Children hug; friends hug, couples hug. When we are happy we embrace, just like when we are sad or meet again. A hug is synonymous with warmth, security and fraternity. A hug can take you to the sky, or take the sun, the moon and the stars down to you!

35. En la tienda de celulares

Omar: Buenas tardes, ¿en qué les puedo ayudar?

Leopoldo: Gracias, la **batería** del teléfono no agarra carga. No sabemos si es la **pila** o el **cargador**, ¿podrían revisarla?

Omar: Si, permítame...

Jessica: ¿Cuánto cuesta la **revisión**?

Omar: Es **gratis**. Si hay que hacer alguna **reparación** o cambiar alguna **pieza** le informamos primero. Aquí tenemos la pila y el cargador para este modelo.

Leopoldo: ¿Y en cuanto tiempo nos dan respuesta?

Omar: Si lo **deja** ahora, esta tarde los llamamos. El tiempo de entrega dependerá de lo que consiga el técnico.

Leopoldo: Perfecto entonces lo dejamos y esperamos su llamada. Muchas gracias.

Omar: A la orden.

Jessica: Hasta luego.

Vocabulario:

Batería, pila: battery

Cargador: charger

Revisión: revision

Gratis: free

Reparación: repair

Pieza: part

Deja (dejar): leave

Comprensión De La Lectura.

Selecciona una sola respuesta para cada pregunta:

1) ¿Qué problema tiene el teléfono?

a. No saben

b. La batería está dañada

c. El cargador no sirve

2) ¿En la tienda hacen la revisión del teléfono?

a. Sí

b. No

c. No saben

3) ¿Cuánto cuesta la revisión?

a. Es gratis

b. 5 $

c. Hay que esperar que el técnico revise el teléfono

4) ¿Cuándo le informarán a Leopoldo y a Jessica lo que sucede con el teléfono?

a. No saben

b. Si dejan el teléfono ahora, les avisan en la tarde

c. Ahora mismo

5) ¿La tienda tiene los accesorios para el teléfono en caso de que los necesiten?

a. Sí

b. No

c. No saben

Respuestas:

1) a, 2) a, 3) a, 4) b, 5) a.

Cell Phone Shop

Omar: Good afternoon, how can I help you?

Leopoldo: Thank you, the phone battery is not charging. We do not know if it's the battery or the charger, could you check it?

Omar: Yes, let me see...

Jessica: How much does the revision cost?

Omar: It's free. If we have to make any repair or change a part, we let you know first. We have the battery and charger for this model.

Leopoldo: And when would you give us an answer?

Omar: If you leave the phone now, we'll call you this afternoon. The time for the repair will depend on what the technician finds.

Leopoldo: Perfect, then we'll leave it and wait for your call. Thanks.

Omar: You are welcome.

Jessica: See you later.

36. ¿Te importaría...

... **bajarle** el volumen a la radio? Está muy alto.

... **cambiar** el canal de televisión? No me gusta ese programa.

... abrir la ventana? ¡Hace mucho calor!

... ir a buscar a los niños? Salieron más temprano hoy.

... hacer una **parada** en el supermercado? Necesitamos plátanos y tomates.

... encargarte del almuerzo? Tengo mucho trabajo **pendiente**.

... **subirle** la llama a la sopa? Me parece que la verdura todavía está dura.

... salir 15 minutos antes? Hay mucho tráfico.

... buscar otra vez? Esas llaves tienen que estar en alguna parte. A lo mejor **las pasaste por encima**.

... llevar los refrescos y el hielo? Yo estoy llevando toda la comida.

... regresar un poco antes? No me siento bien.

... prestarme la computadora 5 minutos? Necesito

enviar un correo urgente.

… ayudarme con estas cajas? Están demasiado pesadas.

… mover el carro? Necesito ir a la farmacia.

… **desocupar** la lavadora? Yo también necesito lavar.

Vocabulario:

Bajarle (bajar): turning down

Cambiar: changing

Parada: stop

Pendiente: pending

Subirle (subir): turning up

Las pasaste (pasar) por encima, no mirar bien: you are overlooking them / they passed unnoticed.

Desocupar: empty

Comprensión De La Lectura.

Selecciona una sola respuesta para completar cada

oración:

1) Hay que salir 15 minutos antes porque:

a. hay que ir a la farmacia

b. hay mucho tráfico

c. tengo mucho trabajo pendiente

2) Hay que abrir la ventana porque:

a. hace mucho calor

b. hace mucho frio

c. necesitamos luz

3) Hay que parar en el supermercado porque:

a. hay que comprar refrescos y hielo

b. hay que recoger a los niños

c. necesitamos plátanos y tomates

4) Necesito ayuda con las cajas porque:

a. hace mucho calor

b. están muy pesadas

c. hay que llevarlas muy lejos

5) Necesito la computadora porque:

a. debo enviar un correo urgente

b. debo hacer un trabajo importante

c. debo aprovechar el wi-fi

Respuestas:

1) b, 2) a, 3) c, 4) b, 5) a.

Would You Mind...

... turning down the volume of the radio? It is very loud.

... changing the TV channel? I don't like that program.

... opening the window? It is very hot!

... going to pick up the children? They finish earlier today.

... making a stop at the supermarket? We need bananas and tomatoes.

... making lunch? I have a lot of work pending.

... turning the heat up to the soup? It seems to me the vegetables are still hard.

... leaving 15 minutes early? There is heavy traffic.

... searching again? Those keys have to be somewhere. Maybe you are overlooking them.

... bringing the soft drinks and the ice? I am bringing

all the food.

... coming back a little earlier? I don't feel well.

... lending me the computer for 5 minutes? I need to send an email urgently.

... helping me with these boxes? They are too heavy.

... moving the car? I need to go to the pharmacy.

... empty the washing machine? I also need to wash.

37. El cisne blanco

El cisne blanco es un ave que **destaca** por su belleza, elegancia, tamaño y color.

El cisne blanco también es llamado cisne **mudo,**

porque es menos vocal, es decir, **emite** menos sonidos que otras especies similares.

Este cisne **muda** su plumaje una vez al año. La muda dura entre un mes y un mes y medio y durante ese tiempo no puede volar.

La pareja de cisnes es **fiel** durante toda su vida.

Este maravilloso animal es el ave nacional de Dinamarca desde 1984.

Vocabulario:

Destaca (destacar): stands out

Mudo: mute

Emite (emitir): emits

Muda (mudar): molts

Fiel: faithful

Comprensión De La Lectura.

Escribe una respuesta corta para cada pregunta:

1) ¿Por qué se le llama cisne mudo al cisne blanco?

_____

_____

2) ¿Cuáles son las cualidades que hacen destacar al cisne blanco?

_____

_____

3) Nombra dos características de la muda del cisne blanco.

_____

_____

4) ¿El cisne blanco suele tener varias parejas a lo largo de su vida?

_____

_____

5) ¿De qué país es ave nacional el cisne blanco? ¿A partir de qué año?

_____

Respuestas:

1) Porque es menos vocal, es decir, emite menos sonidos que otras especies similares., 2) Belleza, elegancia, tamaño y color., 3) Muda su plumaje una vez al año; dura entre un mesy unmes y medio ydurante ese tiempo no puede volar., 4) No, la pareja suele ser fiel durante toda su vida., 5) De Dinamarca, desde 1984.

The White Swan

The white swan is a bird that stands out for its beauty, elegance, size and color.

The white swan is also called mute swan because it is less vocal, it means, it emits fewer sounds than other similar species.

This swan molts its plumage once a year. The molting lasts between a month and a month and a half and during that time it is unable to fly.

Swans are faithful for life.

This wonderful animal is the national bird of Denmark

since 1984.

38. Vestido nuevo

Madeleine: Hola, Betty, ¿cómo está tu día hoy?

Betty: Bastante libre, ¿por qué?

Madeleine: ¿Quisieras acompañarme a la **tintorería**? Es que el próximo sábado se casa la sobrina de mi esposo y no tengo el vestido en condiciones.

Betty: Está bien, pero si prefieres podemos ir de tiendas y quizás consigas algo lindo. Así te **pones** un vestido que no te hayan visto en reuniones anteriores.

Madeleine: Me gusta más esa idea, aunque no creo que a mi esposo le agrade tanto cuando le llegue la factura de su tarjeta (!)

Betty: Ja, ja, ja.

EN LA TIENDA

Betty: ¿Qué te parece éste? Es **sobrio**, elegante pero al mismo tiempo **juvenil**. Es un azul muy distinguido.

Madeleine: Me encanta. Mira éste. Es mi color favorito, aunque no es tan elegante...

Betty: **Pruébate** los dos y luego decides. Ambos tienen un buen precio.

EN EL **PROBADOR**

Madeleine: ¿Qué tal éste?

Betty: Muy bonito, me gusta, pero pruébate el otro para ver.

(Madeleine sale con el vestido azul que su amiga le seleccionó)

Betty: ¡Se te ve espectacular! El verde también está bonito, pero éste te queda mejor. **¿Cómo te lo sientes?**

Madeleine: Bien, es súper **cómodo**. El **escote** es precioso y el **largo** me encanta. Tienes razón, llevaré éste. Además es un poco más barato.

Betty: ¡Problema resuelto!

Vocabulario:

Tintorería: dry cleaner

Pones (ponerse, vestir): you wear

Sobrio: sober

Juvenil: playful

Pruébate (probarse ropa): try

Probador: changing rooms

¿Cómo te lo sientes/ves?: How does it feel?

Cómodo: comfortable

Escote: neckline

Largo: length

Comprensión De La Lectura.

Selecciona la(s) respuesta(s) correcta(s). Cada ítem puede tener más de una respuesta:

1) Las dos amigas:

a. irán de tiendas

b. irán a la tintorería

c. irán a una boda

2) Betty:

a. seleccionó un vestido azul

b. seleccionó un vestido verde

c. seleccionó un vestido elegante y al mismo tiempo juvenil

3) Madeleine:

a. seleccionó un vestido azul

b seleccionó un vestido elegante

c. seleccionó un vestido de su color favorito

4) Al final Madeleine compró:

a. el vestido azul

b. el vestido verde

c. ninguno de los dos

5) Madeleine seleccionó ese vestido porque:

a. le gustó el largo y el escote

b. le quedaba cómodo y bonito

c. era más barato

Respuestas:

1) a, 2) a, c, 3) c, 4) a, 5) a, b, c.

New Dress

Madeleine: Hello, Betty, how is your day looking today?

Betty: Pretty much free, why?

Madeleine: Would you like to come with me to the dry cleaner? It's just that my husband's niece is getting married that next Saturday and the dress isn't in good shape.

Betty: Okay, but if you prefer we can go shopping and maybe you'll find something nice. So you wear a dress nobody has seen you in previous reunions.

Madeleine: I like that idea better, although I don't think my husband will like it as much, when his credit card statement arrives (!)

Betty: Ha, ha, ha.

IN THE SHOP

Betty: What do you think of this one? It's sober,

elegant but at the same time playful. It is a very elegant blue.

Madeleine: I love it. Look at this. It's my favorite color, although it's not so elegant...

Betty: Try both of them and then you can decide. Both have a good price.

IN THE CHANGING ROOMS

Madeleine: How about this?

Betty: Very nice, I like it, but try the other one to see.

(Madeleine comes out with the blue dress that her friend selected for her)

Betty: You look spectacular! The other one is nice too, but this one suits you better. How does it feel?

Madeleine: Fine, it's super comfortable. The neckline is beautiful and I love the length. You're right, I'll take this one. It is also a little cheaper.

Betty: Problem solved!

39. El metro

En casi todas las grandes ciudades existe el **metro**, un sistema de transporte **subterráneo** que, cuando funciona bien, ahorra tiempo, gasolina y energía.

Las personas suelen aprovechar su tiempo de viaje leyendo, **adelantando** parte de su trabajo o simplemente escuchando música con **audífonos**.

Es importante **respetar** las **normas** dentro de las **instalaciones** y **vagones** para disfrutar de un metro limpio y seguro.

¡Qué bueno es contar con un buen servicio de **transporte público**!

Vocabulario:

Metro: subway

Subterráneo: underground

Adelantando (adelantar trabajo): getting ahead with

Audífonos: headphones

Respetar: respect

Normas: rules

Instalaciones: facilities

Vagones: wagons

Transporte público: public transport

Comprensión De La Lectura.

Sustituye las palabras subrayadas en la oración con una palabra del siguiente grupo:

leer	metro	audífonos
	normas	tiempo

1) En la mayoría de las grandes ciudades hay un sistema de trenes eléctricos subterráneo.

_____

2) El metro permite a las personas ahorrar duración

que determina períodos, horas, días, semanas, etcétera.

___

3) Mucha gente utiliza su tiempo de viaje para pasar la vista por palabras escritas.

___

4) La gente también escucha música con aparatos que se ajustan a la cabeza y oídos para la recepción del sonido.

___

5) Es importante cumplir las reglas que deben ser respetadas y que se establecen para dirigir el comportamiento de las personas dentro del metro.

___

Respuestas:

1) metro, 2) tiempo, 3) leer, 4) audífonos, 5) normas.

The Subway

In almost all large cities there is a subway, an underground transportation system that, when it works well, saves time, fuel and energy.

People often take advantage of their commuting time by reading, getting ahead with their work, or simply listening to music with headphones.

It is important to respect the rules within the facilities and wagons to enjoy a clean and safe subway.

How nice it is to have a good public transport service!

40. Me da risa...

Un cachorro **ladrando** fuerte,

un niño riéndose de sus propias **travesuras**,

un **resbalón** o **tropezón** sin caída,

un cantante **desafinado**,

un chiste bueno,

un comentario o imagen **jocosa**,

algunos **disfraces**,

los monos y los loros,

Y a ti, ¿qué te da risa?

Vocabulario:

Ladrando (ladrar): barking

Travesuras: pranks

Resbalón: slip

Tropezón: trip

Desafinado: out of tune

Jocosa: hilarious

Disfraces: costumes

Comprensión De La Lectura.

Traza una línea entre la columna de la derecha y la columna de la izquierda para unir palabras que guarden relación:

1) cantante   travesura

2) cachorro   risa

3) mono   jocoso

4) niño   ladrar

5) comentario   desafinado

Respuestas:

1) desafinado, 2) ladrar, 3) risa, 4) travesura, 5) jocoso.

It Makes Me Laugh

A puppy barking loudly,

a child laughing at his/her own pranks,

a slip or trip without falling,

an out of tune singer,

a good joke,

a hilarious comment or image,

some costumes,

monkeys and parrots,

And you, what makes you laugh?

41. En el restaurante

Duglas: Tengo mucha hambre, ¿ordenamos?

David: Si... (**llamando** al mesonero con un **gesto**)

Mesonero: ¿Qué desean comer los señores?

Duglas: Para mí, el filete de merluza a la *meniere* con

arroz y vegetales.

David: A mí me trae un **lomo** en salsa de vino. ¿Con qué viene?

Mesonero: Puede ser con papas fritas, arroz, ensalada, o puré.

David: Con papas fritas, por favor

Mesonero: ¿Qué desean tomar?

Duglas: Un batido de fresas

David: Una coca-cola light.

AL POCO TIEMPO…

El mesonero vuelve con las bebidas.

A LOS POCOS MINUTOS…

El mesonero regresa con el plato de pescado únicamente.

Quince minutos después le **hacen señas** para que se **acerque**.

David: Disculpe, no nos ha traído el lomo…

Mesonero (revisando el **pedido**): Es verdad, disculpe, voy a ver qué pasó…

El mesonero regresa con el plato de lomo.

Mesonero: Se **confundió** con otro pedido. Disculpe nuevamente. Buen apetito.

David: Gracias.

Vocabulario:

Llamando (llamar): calling

Gesto: gesture

Mesonero: waiter

Lomo: loin

Hacer señas: wave at someone

Acerque (acercarse): come

Pedido: order

Confundió (confundir): mixed up

Comprensión De La Lectura.

Selecciona una sola respuesta para completar la oración:

1) Duglas pidió:

a. pescado en salsa de vino con arroz y vegetales

b. lomo con ensalada y papas fritas

c. pescado en salsa *meniere* con arroz y vegetales

2) David ordenó:

a. lomo con papas fritas y ensalada

b. lomo con papas fritas

c. pescado con papas fritas

3) Lo primero que trajo el mesonero fue:

a. la coca-cola y el jugo de fresas

b. pan con mantequilla

c. el pescado

4) El mesonero se confundió y olvidó traer:

a. el pescado

b. el lomo

c. el jugo de fresas

5) ¿Qué hizo el mesonero al final?

a. Se confundió

b. Se molestó

c. Se disculpó

Respuestas:

1) c, 2) b, 3) a, 4) b, 5) c.

At The Restaurant

Duglas: I'm very hungry, shall we order?

David: Yes ... (calling the waiter with a gesture)

Waiter: What do the gentlemen want to eat?

Duglas: For me, the hake meniere with rice and vegetables.

David: For me, please bring the tender loin in wine sauce. What are the side dishes?

Waiter: Could be french fries, rice, salad, or mashed potatoes.

David: French fries, please.

Waiter: What would you like to drink?

Duglas: A Strawberry juice.

David: A light coke.

AFTER A WHILE...

The waiter comes back with the drinks.

A FEW MINUTES LATER…

The waiter returns with the fish dish only.

Fifteen minutes later they waved at him to come.

David: Excuse me; the loin is still to come…

Waiter (reviewing the order): That's right, sorry about that, I'll see what happened…

The waiter comes back with the loin dish.

Waiter: It was mixed up with another order. Apologies again. Enjoy your meal.

David: Thanks.

42. Los flamencos

Son aves **esbeltas**. Viven en aguas **poco profundas**. La mandíbula superior es la única que se mueve para **escarbar** sus alimentos en el **barro**. Se alimentan de **algas** y crustáceos como cangrejos, langostinos y **percebes**. Todos son rosados, algunos rosa **pálido** – casi blanco – y otros color salmón o casi rojos. Este color lo obtienen de pigmentos naturales provenientes de los alimentos. Apartando a las crías que nacen de este color, un flamenco blanco está enfermo o **desnutrido**.

Vocabulario:

Esbeltas: slender

Poco profundas: shallow (antonym)

Escarbar: dig

Barro: mud

Algas: algae

Percebes: barnacles

Pálido: pale

Desnutrido: malnourished

Comprensión De La Lectura.

Selecciona las 5 oraciones verdaderas:

1) Todos los flamencos son casi rojos.
2) Los flamencos blancos pueden estar mal nutridos.
3) Los flamencos comen barro.
4) Los flamencos utilizan su mandíbula superior para buscar alimentos.
5) Los flamencos comen algas.

6) El color rosado de los flamencos proviene de los alimentos que consumen.
7) Los flamencos viven en el mar.
8) Los flamencos son gordos y pesados.
9) Las crías nacen de color blanco.

Respuestas:

Oraciones 2, 4, 5, 6 y 9.

Flamingoes

They are slender birds. They live in shallow waters. The upper mandible is the only movable to dig for food in the mud. They feed on algae and crustaceans such as crabs, prawns and barnacles. Flamingos are pink, some pale pink -almost white- and others salmon or bright red. This color is obtained from natural pigments in their food. Apart from the chicks that are born this color, a white flamingo is either sick or malnourished.

43. Sospecha

Susan: John, tengo la sospecha de que nuestro hijo está consumiendo drogas o **anda en malos pasos**.

John: ¿Qué te hace pensar eso, Susan?

Susan: Es que ayer lo vi con una actitud sospechosa, ocultando algo en su morral. Además, **de un tiempo para acá** ha cambiado su **conducta**, llega tarde a la casa, ha bajado sus **notas** y lo he visto reunido con muchachos de muy mala **reputación** en el liceo.

John: Tendremos que **abordarlo** y de ser así buscaremos ayuda para evitar consecuencias y **males mayores**.

Susan: Gracias, de verdad estoy muy preocupada.

Vocabulario:

Sospecha: suspicion

Anda en malos pasos: is down the wrong path

De un tiempo para acá: for quite some time now

Conducta: behavior

Notas: grades

Reputación: reputation

Abordarlo (abordar a alguien): confront

Males mayores: worse

Comprensión De La Lectura.

Escribe V de Verdadero o F de Falso después de cada oración y corrige las oraciones falsas:

1) Susan sospecha que su hijo anda por buen camino._____

2) El joven ha cambiado su conducta. _____

3) El joven llega temprano a casa. _____

4) El joven ha subido sus notas. _____

5) Si confirman la sospecha, Susan y John buscarán ayuda para su hijo. _____

Respuestas:

1) f, Susan sospecha que su hijo anda en malos pasos /por mal camino, 2) v, 3) f, El joven llega tarde a casa, 4) f, El joven ha bajado sus notas, 5) v.

Suspicion

Susan: John, I suspect that our son is taking drugs or is down the wrong path.

John: What makes you think that, Susan?

Susan: Yesterday I saw him with a suspicious attitude, hiding something in his backpack. Besides, for quite some time now he has changed his behavior, he comes home late, his grades have dropped and I've seen him with boys of very bad reputation at school.

John: We'll have to confront him and, if that is the case, we will seek help to avoid consequences and worse.

Susan: Thanks, I'm really worried.

44. Los Sí y los No del uso de zapatos en perros.

Los zapatos para perros protegen sus **almohadillas** ante:

- ✓ temperaturas **elevadas** del **asfalto** a ciertas horas
- ✓ temperaturas **bajas** de la nieve
- ✓ **vidrio**, **colillas**, alambre, insectos y garrapatas.

Pero los perros **sudan** por las **plantas**, por tanto, su capacidad de regular la temperatura corporal se afecta con el uso **desmedido** de los zapatos, al igual que su

agarre y movilidad, pues en sus almohadillas plantares está parte de su sentido del tacto.

En conclusión, no es conveniente que los usen rutinariamente, por largo tiempo o en casa. Antes evita caminarlos bajo un sol **inclemente** o en **aceras** o parques llenos de **monte** o basura.

Vocabulario:

Almohadillas: paws

Elevadas: high

Asfalto: asphalt

Bajas: low

Vidrio: glass

Colillas: cigarette butts

Sudan (sudar): sweat

Plantas: pads

Desmedido: excessive

Agarre: grip

Inclemente: inclement

Aceras: sidewalks

Monte: weed

Comprensión De La Lectura.

Selecciona la(s) respuesta(s) correcta(s). Cada ítem puede tener más de una respuesta:

1) Los perros sudan a través de sus:

a. patas

b. orejas

c. piel

2) Los zapatos para perros son buenos porque:

a. protegen las patas de los perros de temperaturas extremas

b. ayudan a los perros a moverse mejor

c. protegen sus patas de vidrios, alambres e insectos

3) El uso exagerado de los zapatos para perros es dañino porque:

a. afecta su capacidad de moverse y agarrarse

b. afecta su capacidad de regular la temperatura corporal

c. afecta su sentido del tacto

4) En el monte alto puede haber:

a. basura

b. insectos

c. nieve

5) Es conveniente que los perros usen zapatos:

a. en casa

b. si van a pasear y el sol está fuerte

c. todo el tiempo

Respuestas:
1) a, 2) a, c, 3) a, b, c, 4) a, b, 5) b.

The Do's And Don'ts Of The Use Of Shoes In Dogs.

Dog shoes protect their paws against:

1) high temperatures of the asphalt at certain times
2) low temperatures of snow
3) glass, cigarette butts, wire, insects and ticks.

But dogs sweat through the pads, therefore, their ability to regulate body temperature is affected by the excessive use of shoes, as well as their grip and mobility, because in their pads is part of their sense of touch.

In conclusion, it is not convenient to use them routinely, for a long time or at home. Better avoid walking under the inclement sun or on sidewalks or parks full of weed or trash.

45. Varias culturas en un solo lugar

Eduardo: Crecí en un pueblo pequeño. Primera vez que viajo tan lejos. Quiero ser **periodista** y estoy en el segundo año de la **carrera**. Así que una semana en una ciudad como ésta, seguro me dará experiencias interesantes y **noticias** de todo tipo.

Ernesto: Soy venezolano, pero mis padres son italianos. Estudié Arquitectura en Roma. Me encanta la arquitectura de esta ciudad. Pienso tomar algunas ideas para cuando regrese a Venezuela.

Fernando: La ciudad de donde vengo tiene un clima

frío y húmedo la mayor parte del año, así que estoy disfrutando mucho de este sol. Estudio Música y me gustaría asistir a algunos conciertos y aprender sobre la **industria discográfica** y de la música en general.

Lucía: Yo estoy en el último año de Medicina y quisiera **aprovechar** todas las oportunidades posibles de **esparcimiento** y **diversión**. Me encanta bailar tango. En mi ciudad hay muy buenas escuelas. Si tengo **chance** de bailar aquí, también lo haré.

Vocabulario:

Periodista: journalist

Carrera (universidad): college

Noticias: news

Industria discográfica: record industry

Aprovechar: to take advantage of

Esparcimiento: recreation

Diversión: fun

Chance: chance

Comprensión De La Lectura.

Escribe V de Verdadero o F de Falso después de cada oración y corrige las oraciones falsas:

1) Fernando viene de una ciudad cuyo clima es cálido y seco. _____

2) Eduardo quiere ser arquitecto y está en el tercer año de la carrera. _____

3) Ernesto es italiano pero sus padres son venezolanos. _____

4) Fernando quiere aprender sobre la industria discográfica porque estudia Música. _____

5) A Lucía le encanta bailar tango pero en su ciudad no hay buenas escuelas. _____

Respuestas:

1) f, Fernando viene de una ciudad cuyo clima es frío y húmedo, 2) f, Eduardo quiere ser periodista y está en el segundo año de la carrera, 3) f, Ernesto es venezolano, pero sus padres son italianos, 4) v, 5) f, A Lucía le encanta bailar tango y en su ciudad hay buenas escuelas.

Several Cultures In One Place

Eduardo: I grew up in a small town. It's the first time I travel so far. I want to be a journalist and I'm in the second year of college. So a week in a city like this will surely offer interesting experiences and news of all kinds.

Ernesto: I'm Venezuelan, but my parents are Italians. I studied Architecture in Rome. I love the architecture of this city. I plan to take some ideas for when I return to Venezuela.

Fernando: The city I come from has a cold and humid climate most of the year, so I'm enjoying this sun a lot. I study Music and I would like to attend some concerts and learn about the record industry and music business in general.

Lucia: I am in the last year of Medical and I would like to take advantage of every possible opportunity for recreation and fun. I love dancing tango. In my city there are very good schools. If I have the chance to dance here, I will.

46. Tour por la ciudad

Reinaldo: ¿Qué vamos a hacer en la mañana?

Virginia: Buena pregunta, Rei, les vamos a dar tiempo libre para que hagan lo que quieran sin **alejarse** mucho.

Guadalupe: ¡Genial! Jimena, ¿vamos al museo de ciencias? Está cerca del teatro donde toca ir esta tarde.

Jimena: Perfecto. ¿A qué hora nos veríamos en la puerta del teatro? ¿Tú tienes las **entradas**, Virginia?

Virginia: Si, yo las tengo. Nos **reuniremos** aquí mismo a las 3 porque a esa hora **salimos** para el teatro. Los que quieran **llegar directo** pueden hacerlo. Tienen la dirección y también mi teléfono celular en caso de cualquier **duda** o inconveniente.

Jimena: Oigan, chicos, Guadalupe y yo vamos al museo de ciencias, ¿quieren venir con nosotras?

Reinaldo: Me gustaría, pero ya he ido varias veces. Prefiero **dar una caminata** por el parque y almorzar **por aquí mismo**. ¿Qué opinas, Jaime?

Jaime: De acuerdo contigo. Gracias, **de todas**

maneras, chicas. Nos vemos.

Vocabulario:

Alejarse: going too far

Entradas: tickets

Reuniremos (reunirse): will meet

Salimos: we'll head to /set off for

Directo: go straight there

Duda: doubt

Dar una caminata: go for a walk

Por aquí mismo: around here

Comprensión De La Lectura.

Escribe una respuesta corta para cada pregunta:

1) ¿Quién es el guía?

2) ¿Cuál es el plan para la mañana?
_____

3) ¿Quiénes irán al museo de ciencias?
_____

4) ¿Qué harán Reinaldo y Jaime?
_____

5) ¿Quién tiene las entradas para el teatro?
_____

Respuestas:

1) Virginia, 2) Está libre para que los chicos hagan lo que prefieran, 3) Jimena y Guadalupe, 4) Darán una caminata por el parque y almorzarán por ahí mismo, 5) Virginia.

Tour Around The City

Reinaldo: What are we doing in the morning?

Virginia: Good question, Rey, we'll give you free time to do whatever you fancy without going too far.

Guadalupe: Great! Jimena, how about going to the Science Museum? It's close to the theater where we'll be going this afternoon.

Jimena: Perfect. At what time should we meet at the theater entrance? Do you have the tickets, Virginia?

Virginia: Yes, I do. We'll meet right here at 3 pm, because at that time we'll head to the theater. Those who want to go straight there, can. You have the address and my mobile phone, in case of any doubt or problem.

Jimena: Hey, guys, Guadalupe and I are going to the Science Museum, do you want to join us?

Reinaldo: I'd like to but I've gone there several times. I prefer to go for a walk in the park and had lunch around here. What do you think, Jaime?

Jaime: I agree with you. Thanks anyway, girls. See you.

47. Los pinguinos de Humboldt.

Henry: Yo, los únicos pingüinos que conozco son los Emperadores, esos grandes que viven en el Polo Sur.

Tito: Bueno, también existen estos otros. Se llaman pingüinos de Humboldt por la **corriente oceánica** donde ellos **habitan** y el naturalista alemán quela **describió**.

Henry: Son un poco diferentes de los otros, ¿no?

Tito: Pingüino es pingüino.

Henry: Yo sé, **tonto**. Pero **me refiero al** tamaño y esas cosas.

Tito: Claro, ¡estoy **bromeando**! De hecho a diferencia

de los grandes, estos pingüinos viven en las costas de Chile y Perú en un clima relativamente cálido y se reproducen en cualquier época del año. ¡Y pesan como 4 kilos! También el Emperador pone un solo huevo. El macho pasa el invierno **incubándolo**. **En cambio**, el de Humboldt pone 2 ó 3 huevos que son incubados por ambos padres.

Henry: Gracias por la clase sobre pingüinos, ahora estoy mejor informado.

Vocabulario:

Corriente oceánica: water current

Habitan (habitar): inhabit

Describió (describir):

Tonto: silly/you fool!

Me refiero (referirse, hacer mención) a/al: I'm talking about, I'm referring to, I mean (that).

Bromeando (bromear): joking

Incubándolo (incubar): incubating

En cambio: **On the other hand**

Comprensión De La Lectura.

Selecciona la respuesta correcta:

1) El pingüino de Humboldt debe su nombre a:

a. la corriente oceánica donde vive

b. el nombre de un zoológico

c. su pequeño tamaño

2) Los pingüinos emperadores viven:

a. En las costas de Chile

b. En el Polo Norte

c. En el Polo Sur

3) Los pingüinos de Humboldt viven:

a. En el Polo Sur junto con los emperadores

b. En las costas de Chile y Perú junto con los emperadores

c. En las costas de Chile y Perú.

4) El pingüino emperador:

a. Pone un solo huevo que es incubado por ambos padres

b. Pone un solo huevo que es incubado por el macho

c. Pone 2 ó 3 huevos que son incubados por el macho

5) El pingüino de Humboldt:

a. Pesa alrededor de 4 kilos y vive en un clima frío

b. Pesa alrededor de 4 kilos y vive en un clima cálido

c. Pesa alrededor de 4 kilos y vive en todo tipo de clima.

Respuestas:

1) a, 2) c, 3) c, 4) b, 5) b.

The Humboldt Penguin

Henry: The only penguins I know are the Emperors, the big ones that live in the South Pole.

Tito: Well, there are also these others. They are named after the water current where they inhabit and the German naturalist who described it.

Henry: They're a bit different from the others, right?

Tito: Penguin is penguin.

Henry: I know, silly! But I'm talking about the size and those things.

Tito: Of course, I'm joking! As a matter of fact, unlike the big ones, these penguins live along the coasts of Chile and Peru in a relatively warm climate and can breed at any time of the year. And they weigh about 4 kilos! Also the Emperor lays a single egg. The male spends the winter incubating it. On the other hand, the Humboldt lays 2 or 3 eggs, which are incubated by both parents.

Henry: Thanks for the penguin class, now I'm better informed.

48. Apartamento para rentar

Hilario: Hola, Irene, ¿cómo estás? ¿Ya conseguiste apartamento?

Irene: Hola, Hilario, todo bien, qué gusto verte. He visto varios apartamentos pero todavía no he decidido.

Hilario: Un amigo mío se va para Canadá dentro de un mes y está **alquilando** el **suyo**. Es de dos habitaciones, tiene aire acondicionado, dos baños, un puesto de estacionamiento techado, cocina **equipada** y está semi **amoblado**. ¿Te interesaría verlo?

Irene: Suena bien. ¿El apartamento está en buen estado, es decir, bien mantenido? El piso, los **grifos**, y esas cosas...

Hilario: Sí, además el edificio es nuevo y está bien ubicado. Está cerca de donde yo vivo.

Irene: Sí me gustaría ir a verlo. ¿Puedes hablarle a tu amigo y preguntarle que día de la próxima semana podemos ir?

Hilario: Seguro, yo le pregunto y te aviso. Estamos en contacto.

Irene: Muchas gracias.

Vocabulario:

Alquilando (alquilar): renting

Suyo: his

Equipada: equipped

Amoblado: furnished

Grifos: taps

Comprensión De La Lectura.

Selecciona la respuesta correcta para cada pregunta:

1) ¿Quién está buscando apartamento?

a. Hilario

b. Un amigo de Hilario

c. Irene

d. Un amigo de Irene

2) Irene:

a. ha conseguido varios apartamentos

b. ha visto varios apartamentos pero no se ha decidido

c. va a vivir en casa de Hilario

d. se mudará cerca de donde vive Hilario

3) ¿Quién se irá para Canadá?

a. Irene

b. Un amigo de Irene

c. Hilario

d. Un amigo de Hilario

4) El apartamento que Hilario le describe a Irene tiene las siguientes características:

a. está semi amoblado y tiene puesto de estacionamiento techado

b. está en un edificio viejo

c. está lejos de donde vive Hilario

d. tiene cocina equipada y cuatro habitaciones

5) ¿Cuándo irá Irene a ver el apartamento?

a. Ya lo vio

b. El próximo fin de semana

c. La próxima semana

d. No va a ir a verlo

Respuestas:

1) c, 2) b, 3) d, 4) a, 5) c.

Apartment To Rent

Hilario: Hi, Irene, how are you? Did you already find an apartment?

Irene: Hi, Hilario, I'm good, nice to see you. I've seen several apartments but I haven't made up my mind yet.

Hilario: A friend of mine is leaving for Canada in a month and he is renting his. It has two bedrooms, air conditioning, two bathrooms, one covered parking space, equipped kitchen and it is semi furnished. Would you be interested in seeing it?

Irene: It sounds good. Is the apartment in good shape, I mean, well maintained? The floor, the taps, and those things...

Hilario: Yes, in addition, the building is new and well located. It is near where I live.

Irene: Yes, I would like to go see it. Can you talk to your

friend and ask him what day next week we could go?

Hilario: Sure, I'll ask him and let you know. Let's be in touch.

Irene: Thank you very much.

49. El Tango

Aprender a bailar tango tiene muchos beneficios: hacemos ejercicio y cuando nos ejercitamos nos oxigenamos mejor y se liberan sustancias encargadas de **regular** el **apetito**, el **sueño** y el estado de **ánimo**; la **concentración** y la **memoria** también se ejercitan; **ampliamos** nuestra cultura musical y nuestro círculo social; mostramos **rasgos** de la personalidad al bailar y relacionarnos con el grupo, y eso ayuda a conocerse mejor; podemos **desarrollar capacidades** y trabajar **limitaciones**; y si te gusta y consigues buenos instructores en tu camino ¡disfrutas tu aprendizaje y te diviertes un montón!

Vocabulario:

Regular: regulating

Apetito: appetite

Sueño: sleep

Ánimo: mood

Concentración: concentration

Memoria: memory

Ampliamos (ampliar): expand

Rasgos: traits

Desarrollar: develop

Capacidades: capacities

Limitaciones: limitations

Comprensión De La Lectura.

Selecciona las 5 oraciones verdaderas:

1) El tango no nos aporta ningún beneficio.

2) Al bailar tango hacemos ejercicio y nos oxigenamos mejor.

3) El tango mejora la concentración.

4) Para bailar tango no se necesita música.

5) En el tango no conoces otras personas.

6) En el tango amplias tu círculo de amistades.

7) El tango se baila solo.

8) El tango hace daño para la salud.

9) Si tienes un buen instructor de tango aprenderás y te divertirás un montón.

10) Cuando nos ejercitamos se liberan sustancias encargadas de regular funciones orgánicas importantes como el apetito y el sueño.

Respuestas:

Oraciones 2, 3, 6, 9 y 10.

Tango

Learning to dance tango has a lot of benefits: we exercise and when we're exercising we oxygenate our body better and release substances that are in charge of regulating appetite, sleep and mood; concentration and memory are also exercised; we expand our musical culture and social circle; we show personality traits when dancing and interacting with the group, and that helps us get to know ourselves better; we can develop capacities and work on limitations; and if you like it and get good teachers on your way, you'll enjoy your learning and have a lot of fun!

50. Reunión de trabajo

Emilio: Hola, Marco, ¿cómo te va?

Marco: Bien, mi amigo, **sin novedad**, lo mismo de siempre.

Emilio: ¿Tendrás **espacio en tu agenda** para reunirnos este viernes?

Marco: **Ahorita** estoy en la calle (ando fuera de la oficina). Déjame revisar y te aviso.

…

Marco: Sí, podríamos reunirnos como a las 2.30 después de almuerzo, ¿te parece?

Emilio: Me parece perfecto. Recuerda **imprimir** lo que te envié por correo para **discutirlo** y darle forma; a ver si lo terminamos y podemos enviarla **propuesta** definitiva el lunes **a más tardar**.

Marco: De acuerdo. Ya hice algunas observaciones que creo te van a gustar, y podrían ser **aplicables** sin mucho costo ni complicación.

Emilio: Buenísimo, nos vemos entonces.

Vocabulario:

Sin novedad: nothing new

Espacio en tu agenda: room in your agenda

Ahorita: right now

Imprimir: print

Discutirlo (discutir): discuss

Propuesta: proposal

A más tardar: the latest

Aplicables: applicable

Comprensión De La Lectura.

Selecciona las 5 oraciones verdaderas:

1) Emilio y Marco tienen una reunión de trabajo.

2) Emilio y Marco tienen una reunión de negocios.

3) Marco anda en la calle.

4) Marco no tiene espacio en su agenda.

5) Emilio no tiene espacio en su agenda.

6) Marco quiere enviar la propuesta definitiva el lunes

a más tardar.

7) Los hombres se van a reunir el viernes después de almuerzo.

8) Emilio ya hizo algunas observaciones aplicables sin mucho costo.

9) Marco cree que sus observaciones van a gustarle a Emilio.

10) Marco tiene que imprimir lo que Emilio le envió por correo.

Respuestas:

Oraciones 1, 3, 7, 9 y 10.

Work Meeting

Emilio: Hello, Marco, how have you been?

Marco: Good, my friend, nothing new, business as usual.

Emilio: Will you have room in your agenda to meet this Friday?

Marco: Right now I'm outside of the office. Let me check and I'll get back to you.

...

Marco: Yes, we could meet at about 2.30 after lunch, what do you think?

Emilio: I think it's perfect. Remember to print what I emailed you to discuss it and give it shape; would be nice to finish it and send the final proposal by Monday the latest.

Marco: Agreed. I have already made some

observations that I think you will like, and could be applicable without much cost or complication.

Emilio: Great, see you then.

51. Necesitamos una suplente

Directora: Viviana, necesitaba hablar contigo porque nuestra maestra de primer **grado** se va al finalizar este **trimestre**. ¿Estarías interesada en esa **vacante** en lugar de la **suplencia** de tercer grado?

Viviana: Sí estoy interesada. Pero no sé si pueda encargarme **enseguida** porque estamos hablando de un par de semanas, eso es ya. En ese caso, no podría hacerle la suplencia a Gabriela en quinto grado. Déjame hablar con ella y te estoy avisando.

Directora: Está bien. Yo tengo clases esta tarde en el bachillerato y no voy a poder subir a segundo grado. Subiré mañana para hablar contigo y con eso te da **chance** de hablar con Gabriela y decidir.

Viviana: Está bien. Por cierto no he podido comprar la camisa blanca con el **logo** del colegio. Quería preguntarte si mientras tanto puedo usar una blanca que yo tengo similar a la del **uniforme**.

Directora: Si es toda blanca, **manga** larga o manga corta y que no se **transparente**, te sirve.

Viviana: Entendido. Gracias. Hasta mañana.

Vocabulario:

Grado: grade

Trimestre: term

Vacante: vacancy

Suplencia: substitution

Enseguida: right away

Chance: chance

Logo: logo

Uniforme: uniform

Manga: sleeve

Transparente (transparentarse una tela, ver a través de): see through

Comprensión De La Lectura.

A. Traza una línea entre la columna de la derecha y la columna de la izquierda para unir palabras que guarden relación:

1) primer grado　　　　　　Viviana

2) segundo grado　　　　　vacante

3) tercer y quinto grado　　suplencia

4) quinto grado　　　　　　bachillerato

5) Directora　　　　　　　Gabriela

B. Escribe V de Verdadero o F de Falso después de cada oración:

1) La camisa del uniforme del colegio lleva un logo.

2) La camisa del uniforme del colegio es rosada.

3) La camisa del uniforme del colegio tiene que ser manga larga.

4) La camisa del uniforme del colegio puede ser manga corta o manga larga.

5) Viviana ya compró la camisa del uniforme del colegio.

Respuestas:

A. 1) vacante, 2) Viviana, 3) suplencia, 4) Gabriela, 5) bachillerato.

B. 1) v, 2) f, 3) f, 4) v, 5) f.

We Need A Substitute

Principal: Viviana, I needed to speak with you because our first grade teacher is leaving at the end of this term. Would you be interested in that vacancy instead of the third grade substitution?

Viviana: Yes, I'm interested. But I don't know if I can take charge of it right away because we're talking about only a couple of weeks ahead. In that case I wouldn't be able to sub for Gabriela in fifth grade. Let me talk to her and I'll get back to you.

Principal: It's okay. I have classes at high school this afternoon and I won't be able to go up by second grade. I'll go by tomorrow and that way you'll have a chance to talk to Gabriela and make a decision.

Viviana: It's fine. By the way I haven't been able to buy

the white shirt with the school logo. I wanted to ask you if in the meantime I can use a white shirt I have similar to the uniform's.

Principal: If it's all white, long or short-sleeved and not see-through, then it will do the job.

Viviana: Got it. Thank you. See you tomorrow.

52. Reunión de negocios

Sr. Morales: Nuestra reunión de hoy estará **enfocada** en las nuevas estrategias y políticas del mercado nacional.

Sr. Martínez: Muy **oportuno** y **acertado**, Sr. Morales. Creo que tenemos los mismos objetivos. ¿Y cómo van las ventas del **negocio hotelero**?

Sr. Morales: Muy bien, generando **rentabilidad** y **ganancias**, además de **crecimiento** y **empleo**.

Sr. Martínez: Maravilloso, siempre he pensado que usted tiene mucha **asertividad** para el mundo de los negocios y capacidad **gerencial**.

Sr. Morales: Gracias, Martínez, aprecio tus comentarios. ¿Aún falta alguien por llegar, o podemos comenzar?

Sr. Martínez: García aún no ha llegado.

Sr. Morales: Esperemos 5 minutos más para ver si llega, si no, comenzamos.

Vocabulario:

Enfocada: focused

Oportuno: convenient

Acertado: appropriate

Negocio hotelero: hotel business

Rentabilidad: profit

Ganancias: gains

Crecimiento: growth

Empleo: employment

Asertividad: assertiveness

Capacidad gerencial: management skills

Comprensión De La Lectura.

Selecciona la oración verdadera:

1)

a. El Sr. Morales y el Sr. Martínez tienen distintos objetivos.

b. El Sr. Morales y el Sr. Martínez no tienen objetivos.

c. El Sr. Morales y el Sr. Martínez tienen los mismos objetivos.

2)

a. Su reunión estará enfocada en las ganancias.

b. Su reunión estará enfocada en el negocio hotelero.

c. Su reunión estará enfocada en las nuevas estrategias y políticas del mercado nacional.

3)

a. El negocio hotelero va mal.

b. El negocio hotelero está generando ganancias y empleo.

c. El negocio hotelero necesita nuevas estrategias.

4)

a. Martínez piensa que Morales tiene asertividad para los negocios.

b. Morales piensa que Martínez tiene asertividad para los negocios.

c. Martínez piensa que Morales está equivocado en lo que piensa.

5)

a. García llegará en 5 minutos.

b. La reunión comenzará en 5 minutos.

c. La reunión durará 5 minutos.

Respuestas:

1) c, 2) c, 3) b, 4) a, 5) b.

Business Meeting

Mr. Morales: Our meeting today will be focused on the new strategies and policies of the national market.

Mr. Martínez: Very convenient and appropriate, Mr. Morales. I think we have the same objectives. And how are sales of the hotel business going?

Mr. Morales: Very good, generating profit and gains, in addition to growth and employment.

Mr. Martínez: Wonderful, I've always thought that you have a lot of assertiveness for business, and management skills.

Mr. Morales: Thank you, Martínez, I appreciate your comments. Is there anyone still to come, or shall we start?

Mr. Martínez: García hasn't arrived yet.

Mr. Morales: Let's wait 5 more minutes for him if he doesn't arrive then, we'll begin.

53. El rocío y la flor de Navidad. *Por: Leslie Pérez*

Había una vez una **flor de Navidad** que se sentía muy sola. Entonces comenzó a **dialogar** con varios elementos de la naturaleza para ver si podían hacerle compañía y venir a jugar con ella:

— Cielo, ¿puedes venir a acompañarme un rato?

— Imposible —le contestó el cielo —, yo estoy demasiado arriba y no tengo **permiso** para bajar.

— Viento, ¿puedes venir a jugar un rato conmigo?

— Imposible —le contestó el viento —, yo tengo que seguir **soplando** y no tengo permiso para pararme en ninguna parte.

— Abeja, — prosiguió la flor — ¿te puedes quedar a cenar?

— Imposible —contestó la abeja —, yo tengo que llevar la cena, mi familia está esperándome en casa. La abeja le dio las gracias por el néctar que tomó y se fue.

Muy triste la flor de Navidad decidió hacer una última pregunta:

— Agua, ¿puedes quedarte y acompañarme?

— No lo sé —dijo el Agua —, yo creo que pronto me **evaporaré** y me convertiré en una nube. O tal vez me **escurra** por tus pétalos hasta la tierra.

— Es cierto — exclamó la flor un poco triste —.

— Pero ya no hace calor. Está comenzando a hacer frio — le dijo el Agua **entusiasmada** — ¿Has oído hablar del **Rocío**?

— No — contestó la flor.

— Es mi **pariente**. Dicen que aparece con el cambio de temperatura que ya está cerca — dijo el Agua —. No sé si le puedas preguntar, pero tal vez nos llevemos una grata sorpresa.

Fue así como un día de invierno **amaneció** la flor de Navidad cubierta con pequeñas gotas de Rocío, como **perlas**, y nunca más volvió a sentirse sola mientras **adornó** el jardín donde vivió.

¡Y colorín, colorado este cuento se ha terminado!

Vocabulario:

Había una vez: once upon a time

Flor de Navidad: Christmas flower

Dialogar: talk

Permiso: permission

Soplando (soplar): blowing

Evaporaré (evaporar): will evaporate

Escurra (escurrir): drip down

Entusiasmada (con entusiasmo): enthusiastically

Rocío: dew

Pariente: relative

Amaneció (amanecer): woke up

Perlas: pearls

Adornó (adornar): adorned

Comprensión De La Lectura.

Escribe una respuesta corta para cada pregunta:

1) ¿Dónde vivía la flor de Navidad?

_____

2) ¿Por qué la flor de Navidad comenzó a dialogar con la naturaleza?

_____

3) Nombra tres elementos de la naturaleza que hablaron con la flor.

_____

4) ¿Cuál de todos los elementos naturales no tenía

permiso para detenerse en ninguna parte?

_____

5) ¿Quién no pudo bajar a acompañar a la flor?

_____

6) ¿Por qué la abejita no pudo quedarse a cenar con la flor?

_____

7) ¿Cuál de todos los elementos naturales se quedó acompañando a la flor en el invierno, por el resto de su vida?

_____

8) ¿De quién era pariente el Rocío?

_____

9) ¿A qué se parecía el Rocío?

_____

Respuestas:

1) En un jardín, 2) Porque se sentía muy sola, 3) El Cielo, el Viento y el Agua, 4) El Viento, 5) El Cielo, 6) Porque tenía que llevar la cena para su casa y su familia la estaba esperando, 7) El Rocío, 8) Del Agua, 9) A las perlas.

The Dew And The Christmas Flower. *By: Leslie Pérez*

Once upon a time there was a Christmas flower that felt very lonely. So, she started talking to several elements of nature to see whether they could give her company and come to play with her:

- Sky, can you come join me for a while?

- Impossible - answered the sky -, I am too high and I do not have permission to go down.

- Wind, can you come to play with me for a while?

- Impossible - answered the wind -, I have to keep blowing and I don't have permission to stop anywhere.

- Bee, - continued the flower - can you stay for dinner?

- Impossible - answered the bee -, I have to bring

dinner; my family is waiting for me at home. The bee thanked her for the nectar he took and left.

Feeling very sad, the Christmas flower decided to ask one last question:

- Water, can you stay and accompany me?

- I don't know - said the Water -, I believe that I will evaporate soon and will become a cloud. Or maybe I'll drip down your petals to the ground.

- It is true - exclaimed the flower very sad -.

- But it's not hot anymore. It's starting to get cold - said the Water enthusiastically - Have you heard about the dew?

- No - replied the flower.

- He's my relative. It is said that he appears with the change of temperature that is just approaching- said the Water -.I don't know if you could ask him, but maybe we'll have a nice surprise.

That was how one winter day the Christmas flower woke up covered with small dew drops, like pearls, and she never felt alone again while adorning the garden where she lived.

And that was the happy end of that!

54. Del mundo del deporte

En 1891 un canadiense profesor de **Educación Física** creó el baloncesto para **mantenerse** activo dentro de su casa durante el invierno.

La Olimpiada de Juegos Mentales es una **competencia** internacional de juegos de **destreza mental** como el ajedrez, el backgammon y las damas chinas, entre otros.

Las pelotas de tenis son amarillas desde 1972 porque con la **invención** de la televisión a color la trayectoria de la pelota blanca no era **bienapreciada** por los **televidentes**.

La natación, el fútbol y el voleibol son los 3 deportes más **practicados** del mundo. En **contraste**, hay  deportes muy poco conocidos o practicados que **combinan** varios deportes a su vez, como el ajedrez-boxeo, el kayak-polo, el bossaball (voleibol, fútbol y capoeira) y el baloncesto acuático, que mezcla el baloncesto y el polo acuático.

Vocabulario:

Educación Física: Physical Education

Mantenerse (mantener): stay

Competencia: competition

Destreza mental: mental skill

Invención: invention

Bien apreciada (apreciar): well spotted

Televidentes: TV viewers

Practicados: practiced

Contraste: contrast

Combinan (combinar): combine

Comprensión De La Lectura.

Escribe una respuesta corta para cada pregunta:

1) ¿Quién creo el baloncesto?

_____

2) ¿Para qué lo creo?

_____

3) Nombra dos juegos de destreza mental que se realicen en las Olimpíadas de Juegos Mentales.

_____

4) ¿Qué hecho marcó el cambio de color de la pelota de tenis?

_____

5) Menciona dos deportes muy conocidos o practicados y dos poco conocidos o practicados.

_____

Respuestas:

1) Un canadiense profesor de Educación Física., 2) Para mantenerse activo dentro de su casa durante el invierno., 3) Ajedrez y backgammon, ajedrez y damas chinas, o backgammon y damas chinas., 4) La invención de la televisión a color., 5) Natación y fútbol / Ajedrez-boxeo y kayak-polo, bossaball y baloncesto acuático, etc.

From The Sport World

In 1891 a Canadian, Physical Education teacher created basketball to stay active inside his house during winter.

The Mind Sports Olympiad is an international competition for games of mental skill like chess, backgammon, and Chinese checkers, among others.

Tennis balls are yellow since 1972 because with the invention of color TV the trajectory of the white ball was not well spotted by the TV viewers.

Swimming, soccer and volleyball are the three most practiced sports in the world. In contrast, there are very little known or practiced sports that combine several sports in turn, such as chess boxing, kayak polo, bossaball (volleyball, football and capoeira) and water basketball that mixes basketball and water polo.

Conclusion

Spanish Dialogues and Short Stories 2 aims to provide all students of Spanish at beginner level with a reliable, user-friendly, and helpful learning tool.

The systematic and clear layout of the learning unit makes this an easy-to-use book and a powerful resource for self-study.

Colloquial and everyday phrases are well represented, as are words from a wide range of fields and topics.

The applicability of our texts and dialogues assure you this book will become an invaluable resource for learning and practicing Spanish as a second language.

Disclaimer

The information contained in **"Spanish Short Stories For Beginners"** and its components, is meant to serve as a comprehensive collection of strategies that the author of this book has done research about. Summaries, strategies, tips and tricks are only recommendations by the author, and reading this book will not guarantee that one's results will exactly mirror the author's results.

The author of this book has made all reasonable efforts to provide current and accurate information for the readers of this book. The author and its associates will not be held liable for any unintentional errors or omissions that may be found.

The material in the book may include information by third parties. Third party materials comprise of opinions expressed by their owners. As such, the author of this book does not assume responsibility or liability for any third party material or opinions.

The publication of third party material does not constitute the author's guarantee of any information, products, services, or opinions contained within third party material. Use of third party material does not guarantee that your results will mirror our results. Publication of such third party material is simply a recommendation and expression of the author's own opinion of that material.

Whether because of the progression of the Internet, or the unfore seen change sin company policy and editorial submission guidelines, what isstated as fact at the time of this writing may become out dated or inapplicable later.

This book is copyright ©2019 by **Felipe Moya & Leslie Pérez** with all rights reserved. It is illegal to redistribute, copy, or create derivative works from thisbook whole or in parts. No parts of this report may be reproduced or retransmitted in any forms whatsoever without the written expressed and signed permission from the author.

Printed in Great Britain
by Amazon